조선의
핫플레이스

東村

동촌

안나미 지음

서울의 핫플레이스는 세대에 따라 그 공간도 옮겨갔다. X세대의 압구정동에서부터 청담동과 홍대를 거쳐 현재 MZ세대의 익선동까지, 트렌드에 따라 주목하는 서울의 공간은 바뀌고 있다. 화려하고 현대적인 공간에서부터 서울의 과거 모습을 간직한 곳에 이르기까지 트렌드를 주도하는 세대의 관심에 따라 공간에 대한 요구도 달라진다.

요즘 서울에서 가장 핫하다고 꼽히는 곳은 종로에 있는 작은 골목 익선동과 예전부터 관심을 받아온 북촌과 서촌이다. 북촌과 서촌은 내국인은 물론이고 외국인도 한복을 차려입고 과거의 서울을 즐기는 곳이다. 북촌과 서촌은 조선시대에 왕족과 명문가들이 모여 살던 곳으로 아직도 옛 건물이 남아 있어 과거 서울의 모습을 느낄 수 있게 해준다.

북촌과 서촌, 그리고 동촌은 조선시대 명문가들이 모여 살던 곳이다. 북촌이나 서촌은 잘 알지만 동촌은 그 이름부터 낯설게 느껴진다. 북촌은 서울 성 안에서 북쪽에, 서촌은 서쪽에, 동촌은 동쪽에 있는 동네다. 동촌은 서울의 동쪽에 있는 낙산이 청룡^{靑龍}처럼 지켜주는 곳으로 궁궐 창경궁 앞에서부터 낙산에 이르는 지역을 말한다. 현재 성균관대학교 위쪽에서부터 대학로 일대에 이르는 곳이다.

　오래된 역사를 자랑하는 곳이지만 유독 옛날 건축물이 많이 남아 있지도 않고 군데군데 작은 표지석이 남아 그 시절에 어떤 문인과 장군과 왕족이 살았는지 겨우 알게 해줄 뿐이다. 조선의 다양한 문헌의 기록 속에는 동촌에 대한 많은 인물과 사건과 이야기가 전해져 오고 있으니 흔적이 별로 없더라도 주목할 필요가 있다.

　조선시대 동촌에는 창경궁이 가까이 있고 조선 최고의 교육기관 성균관이 있어 권력을 가진 대단한 가문과 인물들이 살았던 곳이다. 북촌과 서촌에 권력의 실세들이 살았다면 동촌은 주로 문장으로 유명한 문인들이 살았던 곳이다. 예를 들어 문장으로 유명한 연안 이씨의 이정귀李廷龜 가문은 동촌에 대를 이어 살면서 동촌 이씨로 불리기도 했다.

　동촌은 서울에서도 경치가 아름답기로 유명했다. 동촌의 동쪽을 둘러싼 낙산은 기이하고 아름다운 바위가 많고 울창한 나무가 숲을 이루어 경치가 아름다웠다. 성균관 북쪽에서부터 내려오는 흥덕동천興德洞川이 두 줄기로 갈라졌다 한 줄기로 합쳐지며 동촌의 중심을 지나 청계천으로 흘러갔다.

아름다운 낙산과 맑은 시내 흥덕동천이 조화를 이루었으며, 동촌 아래쪽에 자리한 연지蓮池는 여름이면 은은한 연꽃 향기를 동촌 가득히 퍼지게 했다. 동촌은 서울의 성 안에 있는 중심가이면서도 자연 경관이 아름답고 한적해 마치 은자隱者가 살거나 신선이 사는 곳처럼 조용하고 아늑했다.

아름다운 곳에는 화려하고 멋진 공간을 마련하여 사는 사람들도 많았다. 신대명승申臺名勝이라는 이름으로 불리는 기재企齋 신광한申光漢의 폭천정사瀑泉精舍가 있었고, 당시에는 보기 드문 2층짜리 건물을 마주보게 지어 매일 긴 끈에 방울을 달아 소식을 주고받던 봉림대군과 인평대군의 조양루朝陽樓와 석양루夕陽樓가 있었다. 자연과 어우러진 최고의 건축물이 자리한 곳이 동촌이었다.

조선 최고의 아름다운 자연과 화려한 건축물이 있는 동촌은 임진왜란으로 인해 많이 손상되었지만, 그래도 그곳에는 여전히 문학으로 명성을 높인 문학가들이 모여 살았다. 조선 중기 4대 문장가의 첫손에 꼽히는 월사月沙 이정귀李廷龜가 관동館洞에 살며 대를 이어 문학으로 명성을 높였고, 낙산 기슭에 살았던 지봉芝峯 이수광李睟光이 동촌에서 우리나라 최초의 백과사전 『지봉유설芝峯類說』을 저술했다. 시조 문학의 대가로 꼽히는 윤선도尹善

道와 조선 중기 문장가인 박동열^{朴東說}과 이원익^{李元翼} 등 일일이 다 꼽을 수 없을 만큼 많다.

문장가가 많이 살았던 동촌에는 당대에 눈에 띄는 특별한 아이들이 모여 오동계^{五同契}를 만들어 조선 문단을 이끌어가는 역할을 했고 동촌 사람들이 모여 낙동계^{駱東稧}나 홍천사^{紅泉社}를 만들어 대를 이어 교유했으며, 동촌파^{東村派}를 조직해 동촌 사람들뿐만 아니라 다른 지역의 문인들과도 공간과 세대를 넘어 교류하는 화합의 공간을 만들기도 했다.

대학자 송시열^{宋時烈}과 동인^{東人}의 영수^{領袖} 김효원^{金孝元}이 살던 곳이며 넘치지 않도록 조심하라며 후손을 경계한 이석형^{李石亨}의 계일정^{戒溢亭}, 비 오는 날이면 우산을 들어야 할 정도로 가난했던 정승 유관^{柳寬}의 집 비우당^{庇雨堂} 등은 동촌 사람들이 지켜내고 싶었던 정신이 무엇인지 생각하게 한다.

동촌은 유명한 문인과 명문대가만 사는 동네는 아니었다. 임금에게 진상할 우유를 생산하던 유우소^{乳牛所}가 있었고, 성균관 주변에 살면서 쇠고기를 팔던 성균관 노비들의 삶의 터전인 반촌^{泮村}도 있었다. 그리고 봉림대군이 볼모로 잡혀 갔다가 돌아올 때 데리고 온 중국인 왕이문^{王以文}이 살면서 중국인 마을을 이룬 명인촌^{明人村}도 있었다. 이처럼 동촌은 여러 계층의 사람들이 함께 어울려 살면서 조화를 이룬 곳이기도 하다.

서울의 중심에 있으면서도 산과 물이 모두 아름다운 곳 동촌. 봄이면 앵두꽃과 복사꽃이 화사하게 피어나 성곽을 도는 사람들이 줄을 지어 물결을 이루고, 여름이면 은은한 연꽃 향기가 동촌을 가득 채우며 서울의 최고 경치로 손꼽혔다. 가을이면 기암괴석과 함께하는 낙산의 곱게 물든 숲과 늦게까지 피어있는 국화가 사람을 불러 모으고, 겨울이면 조용히 눈 내리는 풍경이 선비들의 마음을 다독였다.

멋진 공간 동촌은 조선 중기까지 흥성하다가 조선 후기에 쇠퇴하기 시작해 정조도 이를 안타까워할 정도였다. 근대화가 시작되면서 최초의 근대병원 대한의원이 들어서고 최초의 근대 국립대학을 비롯해 근대 교육시설이 많이 생겼다. 하멜이 살았던 곳으로도 유명한 동촌에는 근대화 시기에 선교사들이 모여 살게 되면서 어느 곳보다 빨리 근대화의 물결이 휩쓸기 시작했다.

그 때문에 조선시대의 흔적이 많이 사라져 북촌과 서촌에 비해 주목받지 못하고 있다. 조선 최고의 핫플레이스였던 동촌을 다시 조명할 필요를 느끼며 조선시대의 기록에 담긴 인물과 유적과 이야기를 다시 불러내고

자 한다. 동촌의 역사와 변모 양상을 인문학적으로 접근하여 다시 살아 숨
쉬는 동촌을 만나고 싶었다.

대학원 시절에 월사月沙 이정귀李廷龜를 중심으로 연구하다보니 자연스럽
게 동촌에 대한 자료가 조금씩 쌓이면서 동촌에 관심을 가지게 되었다. 지
식과 정보의 편린으로만 남아있던 것을 이번 기회에 잘 엮어보려 했지만,
능력과 시간이 부족해 제대로 마무리하지 못했다.

울창한 낙산에는 많은 주택이 들어서 낙타의 모양을 찾아보기도 어렵
고, 강세황의 글씨는 땅 밑에 파묻혀 버렸으며, 대단한 세력을 자랑하던
문인들의 집터에는 작은 표지석만 달랑 남아 있을 뿐이다. 사라지고 숨어
있다고 해서 동촌의 역사와 정신이 없어지는 것은 아니다. 기록으로 남아
있는 동촌의 아름다운 모습과 정신을 하나둘씩 꺼내볼 수 있는 기회가 이
책을 통해 조금이라도 마련된다면 다행이겠다.

2022년 가을
안 나 미

목차

1장

한양의
동쪽마을,
동촌

서울의 좌청룡(左靑龍),
낙산(駱山)

타락산駝酪山은 도성都城 안 동쪽에 있는데 성이 그 위로 지난다. 응봉鷹峯 동쪽에서 뻗어 돌아 이 산이 되었는데 동쪽으로 안암安巖과 고암姑巖에 이른다.

도성은 인왕산仁王山, 북악산北岳山, 타락산駝酪山, 목멱산木覓山 등 이 네 산 위에 각각 일대一隊의 군대를 주둔시키고 정기旌旗를 죽 세워 놓게 하였다.

『신증동국여지승람新增東國輿地勝覽』과 『조선왕조실록』 정조 2년(1778) 7월 20일 기사에서 설명하는 타락산駝駱山은 서울의 동쪽에 있는 산이다. 한양을 도읍으로 정할 때 동서남북 네 곳에 도성을 지키는 사신四神을 정했는데, 동쪽의 청룡靑龍이 타락산이고 서쪽의 백호白虎가 인왕산이며 남쪽의 주작朱雀이 목멱산木覓山 곧 남산이고 북쪽의 현무玄武가 백악산白岳山 곧 지금의 북악산이다. 그중에서 서울 동쪽을 지키는 타락산은 낙타산駱駝山 또는 낙산駱

山이라고도 부른다. '타駝'와 '낙駱'이 모두 낙타를 뜻하는 글자인데, 산의 모습이 낙타를 닮아서 지어진 이름이라고 한다.

낙산 어디를 봐도 낙타를 닮은 모습을 찾기 어려우니 타락산을 낙타를 닮은 산이 아니라 우유를 뜻하는 '타락駝酪'의 뜻이 아니겠냐는 의견도 있다. 굳이 우리나라에서 볼 수 없는 낙타의 모양을 닮은 산이라는 것이 잘 이해되지 않아서일까? 고려시대에 젖소를 키워 왕실에 우유를 공급하는 유우소乳牛所가 낙산에 있었고, 『조선왕조실록』 세종 7년(1425) 1월 15일 기사를 보면, 서울 안에 방호소防護所를 설치할 때 유우소 북점北岾 1개소를 두었다고 하는 것으로 보아 조선시대에도 낙산에 유우소가 있었다는 것을 알 수 있다. 다만 세종 3년(1421) 2월 9일에 궁에 바치는 유우는 인수부

〈낙산〉

壽府와 예빈시禮賓寺에 소속시키고 유우소를 폐지한다고 했다. 그리고 1438년에는 유우소를 동부학당으로 만들었다. 이후로는 유우소에 대한 기록이 실록에 나오지 않는다.

낙타를 뜻하는 '타락駝駱'과 우유를 뜻하는 '타락駝酪'의 음이 같지만, 조선시대 기록에 낙산은 낙타를 닮은 산이라는 표현이 나오고 조선 후기의 문인 윤기尹愭. 1741~1826도 "백악산 왼쪽 산기슭이 구불구불 날아올라 동쪽에서 우뚝 솟아난 모습이 마치 낙타 등과 같이 완만하고 아담한 저 산은 낙타산駱駝山이다"라고 했다.

낙산은 조선시대에 소나무며 잣나무 등 상록수들이 많아 숲이 우거지고 기암괴석이 많은 데다, 계곡에 물이 맑게 흘러 경치가 아름다운 곳으로 유명했다. 그래서 조선시대의 왕실 종친이나 고위 관리, 유명한 문인들이 낙산에 집을 짓고 살았다. 낙산 아래 관동館洞에 살았던 이정귀李廷龜. 1654~1635는 〈경력經歷 박대용朴大容에 대한 만사〉에서 "낙산駱山 아래 우리 마을엔 벼슬아치도 많은데"라고 시작할 정도로 낙산 아래에 유명한 인물들이 많이 살았다.

조선 중기의 문인 허목許穆. 1595~1682이 쓴 〈동리고사東里古事〉에서는 '한양의 동리東里는 예로부터 이름난 사람과 현달한 자가 많이 살기로 유명한 곳이다'라는 말로 시작해서 유명한 사람들의 이름을 나열해 놓았다. 서울의 동쪽 낙산 아래를 동촌東村이라고 하는데 인왕산 아래의 서촌西村이나 북악산 아래의 북촌北村과 함께 높은 관리와 왕실 종친, 문인들이 많이 살았다.

동촌에는 남이南怡·김시습金時習·성삼문成三問과 시조작가로 유명한 윤선도尹

善道, 개혁 정치를 시행한 조광조趙光祖, 병자호란을 수습한 재상 최명길崔鳴吉, 청백리淸白吏로 이름이 높았던 이원익李元翼, 문장으로 이름이 높은 이정귀李廷龜, 노론의 영수 송시열宋時烈 등 조선의 역사에 한 획을 그은 유명 인물 외에도 봉림대군과 인평대군 같은 왕족, 문장에 뛰어난 문학가들이 많이 모여 살았다.

허목은 동촌에 살았던 사람 중에 나이가 많아서 나라에서 궤장几杖을 받은 사람으로 허목 자신과 이정귀를 꼽았다. 이정귀가 78세 되던 해에 나이가 많아서 벼슬을 사양하고 물러나겠다고 하자 인조가 나라의 원로元老는 보낼 수 없다 하여 궤장을 주어 벼슬에 더 머물러 있게 하였고, 허목이 81세로 궤장을 받았는데 모두 세상에 드문 거룩한 행사라고 했다.

동촌은 동인이 많이 살았던 곳이라고 생각하기 쉽지만 반드시 그런 것은 아니다. 붕당朋黨 정치에서 동인東人과 서인西人으로 나눌 때 동인의 거두 김효원金孝元이 동촌의 건천동에 살았고 서인의 거두 심의겸沈義謙이 서촌의 정동에 살았기 때문에 동촌에 동인이 많고 서촌에 서인이 많다고 하지만, 실제로 동촌에는 동인 외에도 노론과 서인들도 많이 살고 있었다.

조선시대에 창경궁의 동쪽에서 낙산 일대와 성균관 북쪽을 포함해 동부東部라고 했는데, 흔히 동촌이라고 부른다. 기암괴석과 울창한 숲을 자랑하는 낙산이 있고, 그 아래로 흥덕동천興德洞川이 흐르며 조선시대 국립대학인 성균관이 있는 동촌은 성 안에 있는 도심이지만 아름다운 자연을 즐길 수 있는 곳이었다.

조선 후기 문인 윤기尹愭는 동촌의 의동義洞에 집을 지으면서 '도성 안에 있지만 시골스럽다', '저잣거리에 가깝지만 소란스럽지 않다'는 표현을 하며 번화한 곳이지만 낙산의 숲이 있어 조용하고 아름다운 곳이었다는 것을 말해주고 있다. 서울의 중심가에 자리잡고 있지만 자연을 즐길 수 있는 곳이 바로 동촌이었던 것이다.

동촌의 상징 낙산에는 우물이 유명했다. 낙산 아래 어의동於義洞에는 한양에서 물맛이 최고로 좋아 성종이 물을 길어다 마셨다는 어정御井이 있는데, 임금의 우물이라는 뜻이다. 이 우물을 부마 남치원南致元에게 하사해 '하사한 우물'이라는 뜻으로 우물에 '사정賜井'이라는 글자를 새겼고, 남치원이 의성위宜城尉에 봉해졌기 때문에 그 우물을 의성위정宜城尉井이라고 불렀다.

낙타 모양을 한 낙산에는 낙타의 유방에 해당하는 곳에 있는 우물의 맛이 좋았다고 한다. 그 자리에 이화동약수와 신광한의 집터에 있는 신대申臺우물이 있었고, 백동栢洞에 있는 백동우물 등이 있었는데, 가뭄이 들어도 물이 줄지 않고 병에도 약효가 있는 우물이 많았다. 그중에서 백동에 있던 우물은 수량이 풍부해 동촌 사람들이 모두 마셨던, 도성 안에서 가장 유명한 우물이라고 한다.

경치 좋고 물 좋은 낙산은 봄이면 꽃놀이를 하고, 여름이면 울창한 나무 그늘 아래에서 더위를 식히며, 가을이면 국화를 감상하고, 겨울이면 눈 내린 풍경을 감상하는 명소가 되었다. 특히 음력 9월 9일 중양절重陽節이 되면 많은 문인들이 낙산에 올라 가을 풍경을 감상했는데, 가을을 대표하는 꽃 국화가 늦게까지 피어 있어 인기가 있었다고 한다.

홍직필洪直弼,1776~1852은 〈중양절에 동쪽 성곽에 있는 임장任丈의 좋은 기약에 달려가서 함께 낙산에 올라 가을을 감상하다[重陽赴東郭任丈幽期共陟駱山賞秋])라는 시에서 '새벽에 말 타고 홀로 가니 동쪽 성곽의 차가운 국화 늦은 향기 머금고 있네[平朝騎馬聊孤往 東郭寒花葆晚香])'라고 읊었고 김상헌金尙憲, 1570~1652은 꿈속에서 중양절에 친구들과 고향의 낙산 동쪽에 올라 국화를 감상했다고 했다.

낙산에는 도성을 둘러싼 성곽이 있어 당시 사람들이 좋은 날을 잡아 낙산을 둘러싼 성곽을 따라 걷는 순성巡城을 하기도 했다. 순성이란 한양을 둘러싼 성곽을 따라 걸으며 성의 안과 밖을 감상하는 것이다.

성은 높아 천 길의 철옹이고 城高鐵甕千尋
구름은 봉래산 오색을 둘렀네 雲繞蓬萊五色
해마다 상원上苑에 꾀꼬리와 꽃이라 年年上苑鶯花
해마다 도성 사람 놀며 즐기네 歲歲都人遊樂

이 시는 정도전鄭道傳, 1342~1398이 조선의 새로운 도성 서울의 여덟 가지 경치를 시로 지은 것 중 '도성궁원都城宮苑'에 해당하는 것이다. 조선이 새롭게 건국하면서 도읍을 서울로 옮기고 성곽을 쌓았다. 이 성곽이 서울을 경계 짓는 중요한 건축물이지만, 서울 사람들에게는 해마다 사람들과 즐길 수 있는 공간이 되기도 했다.

유득공柳得恭, 1748~1807은 『경도잡지京都雜誌』에서 '도성을 한 바퀴 돌아 성 안팎의 꽃과 버들을 구경하는 일은 매우 멋있는 놀이인데, 새벽에 출발해야 저녁 종을 칠 때쯤 다 볼 수 있다. 산길이 험해서 지쳐 돌아가는 사람이 많다'고 했다. 성곽의 길이가 40리에 해당하기 때문에 빠른 걸음으로 걸어야 겨우 하루에 마칠 수 있었다는 것이다. 대개는 성곽을 한 바퀴 온전하게 돌지 못하고 일부만 도는데, 하루 만에 성곽 한 바퀴를 다 돌면 과거에 급제할 수 있다고 해서 과거시험을 앞둔 선비들은 새벽부터 서둘러 성을 돌았다고 한다.

산은 서울을 휘장처럼 에워싸고 　　　　　　山向京師寶帳開

팔대문 성가퀴는 절로 굽이 돌아 　　　　　八門城堞自紆回

보는 곳마다 기이한 경관 알 수 있어 　　　饒知面面供奇賞

봄이 오면 성곽 다 돌았다 다투어 자랑하네 　春到爭誇歷踏來

이 시는 강이천姜彝天, 1769~1801의 〈한경사漢京詞〉 600수 중 한 수다. 봄이 되면 유독 순성을 했다고 자랑하는 사람이 늘어나는 데에는 이유가 있다. 순성은 앞만 보고 성곽만 도는 것이 아니라 성곽을 따라 걸으면서 그때그때 보이는 아름다운 서울 풍경을 감상하는 것이다. 아름다운 경치를 감상하기에 최고의 시기는 봄철이다.

　성곽을 따라 봄꽃이 화려하게 피면 순성을 하는 동시에 꽃놀이를 할 수 있다. 그래서 꽃이 많이 피는 봄날 순성하는 사람이 많았다. 특히 봄에서 여름 사이에 서울 사람들이 모여서 순성을 했다고 하니 지금으로 보면 단체 관광객의 서울 투어 같았을 것이다. 그래서 순성을 '순성놀이[巡

〈낙산 성곽〉

城之戱]'라고 했다.

　서울 동촌에 사는 사람들은 낙산에서부터 순성을 시작하는데 송동에서 출발하는 경우도 많았다. 응봉^{鷹峯} 아래에 있는 송동은 꽃이 아름답기로 유명해서 순성의 첫발을 꽃놀이로 시작할 수 있기 때문이다.

　조선 후기 문인 김윤식^{金允植, 1835~1922}은 음력 5월 20일에 친구들과 송동에서 순성을 시작했는데 음력 5월이면 양력 6월이니 여름이 시작되는 시절이다. 봄에 하는 순성이 꽃을 감상하며 성을 도는 것이라면, 여름의 순성은 울창한 나무 그늘을 즐길 수 있고 순성하면서 보이는 유명한 연못의 연꽃도 감상할 수 있다.

가장 좋은 계절에 서울을 한 바퀴 돌며 유명한 경치를 감상할 수 있는 순성놀이는 오래 기억해 두고 싶은 추억일 것이다. 카메라가 없던 그 시절에는 순성놀이를 하면서 시를 짓고 그림을 그려 참가자들이 나눠가지며 기억을 공유하기도 했다.

지금도 낙산의 성곽을 따라 순성을 할 수 있는데, 낙산에 올라가다 보면 성을 쌓은 내력을 알려주는 표지를 볼 수 있다. 성을 쌓을 때 해당 구간을 공사한 사람의 이름과 출신지, 그리고 공사 구간을 표시해 놓았는데 이것을 각자성석刻字城石이라고 한다.

서울 성곽은 태조 5년(1396)에 백성 19만 명 정도를 동원하여 쌓았다

〈각자성석〉

조선의 핫플레이스, 동촌

고 한다. 전체 구역을 600척尺씩 나누어 군현郡縣에 따라 일할 구역을 나누어 주었다. 태조 때 처음 쌓았다가 세종 때 개축하고 숙종 때 보수하는 등 여러 차례 보수했는데, 그래서인지 성곽을 자세히 살펴보면 돌의 모양과 쌓는 방식이 조금씩 다르다.

낙산은 일식이나 월식을 관측하는 장소로도 쓰였다. 『조선왕조실록』인조 16년(1638) 5월 7일 기사에 '관상감의 관원 2원을 정해 타락산에 올라가 살펴보게 하여, 만일 모양에 이지러짐이 있으면 즉시 방화放火하게 한 뒤 구식救食하는 것이 어떻겠습니까?'라고 했다. 구식이란 일식이나 월식이 일어나면 임금이 각 사司의 당상관堂上官과 낭관郞官을 거느리고 월대月臺 위에서 일식과 월식이 끝날 때까지 기도하는 것이다. 낙산은 창경궁에서 가까운 곳이니 천문을 관측하기에도 좋은 장소였던 것 같다.

나인[內人] 홍덕[弘德]이 병자란[丙子亂]에 포로가 되어 심양[瀋陽] 봉천[奉川]에 들어갔는데, 김치를 잘 담가서 때때로 효종[孝宗]이 인질로 있는 집에 드렸다. 효종이 왕위에 오른 다음, 홍덕도 이어서 돌아왔는데, 다시 김치를 담가서 나인을 통해 드렸다. 임금이 맛을 보고 이상히 여겨 그 출처를 물으니 나인이 사실대로 아뢰었다. 임금이 놀라고 신기하게 여겨 곧 홍덕을 불러들여서 후하게 상을 주려고 하니, 홍덕이 굳이 사양하면서 감히 받을 수 없다고 하였다. 임금이 이에 명하여 낙산[駱山] 아래 밭 몇 경[頃]을 하사하여 그 수고를 갚아 주었다. 지금도 그 밭을 홍덕전[弘德田]이라고 한다.

『신증동국여지승람』에 전하는 홍덕전에 대한 설명이다. 병자호란 때 봉림대군이 심양에 갔을 때, 나인 홍덕[弘德]이 김치를 담가 봉림대군에게 바쳤던 일화인데, 봉림대군이 귀국하고 효종이 된 후에 낙산에 홍덕을 위해 밭을 하사했다고 한다. 지금도 낙산에 올라가면 중턱에 '홍덕이밭'이라는 표지가 있는 작은 밭이 남아 있다.

임금이 하사했다고 하기에는 밭의 크기가 작다. 낙산 아래 밭 몇 경이라고 했는데, 1경의 면적이 대략 25,000㎡이니 지금 낙산에 남아 있는 홍덕이 밭보다 훨씬 면적이 넓다. 그 자리가 실제 홍덕이밭인지는 알 수 없다. 어쩌면 홍덕이의 아름다운 일화를 기억하기 위해 낙산의 한 부분을 정해 홍덕이밭이라고 지정한 것인지도 모르겠다.

오랫동안 서울의 좌청룡 역할을 하며 아름다운 경치를 자랑하던 낙산에는 권세가들의 호화로운 집도 많았지만, 대부분 임진왜란 때 폐허가 되었다. 그후 재건을 했지만 근대화가 시작되고 주택이 빽빽하게 들어서면서 낙산의 옛 흔적이 사라지고 말았다. 지금은 낙산공원을 조성하여 시민들이 자유롭게 쉴 수 있는 장소가 되었다.

시원한 물줄기,
흥덕동천(興德洞川)

동쪽으로 흐르는 초교初橋 물은 수원水源이 반궁泮宮(성균관)에서 나오는데, 동반수東泮水는 성균관 앞 다리와 식당교食堂橋와 비각교碑閣橋를 경유하고, 서반수西泮水는 집춘문集春門 앞 다리를 경유하여 대성전大成殿 남문 밖에서 합하며, 남쪽으로 흘러서 관기교觀旗橋가 되고, 동쪽으로 흘러서 충락교忠樂橋가 되며, 광례교廣禮橋에 이르러 흥덕동興德洞 물과 합하고, 또 남쪽으로 흘러 오른쪽 응란교凝鸞橋 물을 지나서 경모궁景慕宮 앞에 있는 장경교長慶橋를 지나며, 어의동 본궁於義洞本宮 앞을 지나고 신교新橋를 지나와서 오간수문五間水門으로 들어간다.

『신증동국여지승람』에서는 동촌의 냇물 흥덕동천興德洞川이 흘러가는 방향을 이렇게 알려주고 있다. 성균관에서 흐르기 시작하는 시냇물은 동쪽의 동반수와 서쪽의 서반수로 나뉘다가 대성전의 남문 밖에서 합쳐진다.

두 줄기 물이 합하여 한 줄기로 흐르다가 흥덕동의 물과 합쳐 또 남쪽으로 흘러가는데, 이 물이 바로 흥덕동천이다.

지금 종로구 명륜동에 있는 성균관 왼쪽과 오른쪽으로 나뉘어 두 줄기로 흘러내리는 물이 성균관 남쪽에서 한 줄기로 흐르다가, 혜화문을 지나 흘러내려오는 흥덕동의 물과 합쳐져 대학로를 따라 길게 흘러가는 것이다. 성균관의 반수는 지금 성균관 앞의 도로로 덮여 있고 차도가 된 대학로의 밑으로 흥덕동천이 흐르고 있다.

1960년대에 서울대학교를 다닌 선생님께 들으니 그때는 복개하기 전이라 물이 흐르는 것을 볼 수 있었고, '응란교'라고 쓰여있는 다리의 기둥

〈흥덕동천 재현〉

이 있었다고 한다. 옛날 지도를 보면 흥덕동천이 흐르는 곳에는 많은 다리가 있었다. 현재 동성고등학교에서 마로니에 공원 쪽으로 걸어가다 보면, 흥덕동천의 물이 어떻게 흐르는지 알 수 있도록 인도 한쪽에 물의 흐름을 작게 재현해 놓았다. 실개천처럼 작아서 별로 실감나지 않지만, 그래도 옛날에 흥덕동천이 어떤 방향으로 흐르고 있었는지 알 수 있다.

흥덕동천에는 다리가 여러 개 있는데 『경모궁의궤景慕宮儀軌』의 〈궁로宮路와 교량橋梁〉 편에서 다음과 같이 설명하고 있다.

다리 이름	내용
관기교(觀旂橋)	서반수(西泮水)에 있다. 길이가 17척, 너비가 23척이다.
광례교(廣禮橋)	관기교 동쪽에 있다. 동반수(東泮水)가 이 다리 서북쪽에서 서반수와 합쳐진다. 다리의 길이는 15척, 너비는 21척이다.
응란교(凝鑾橋)	광례교 남쪽에 있으니 바로 궁원(宮苑)에서 흘러나온 도랑이 반천(泮川)에 유입되는 곳이다. 다리 길이는 3척, 너비는 21척이다. 이상 세 다리는 임인년(1782, 정조 6) 봄에 훈련대장 구선복(具善復)이 감독하여 조성한 것이다.
장경교(長慶橋)	응란교 남쪽에 있다. 반수가 여기에 이르러 어의동천(於義洞川)이 된다. 다리의 길이는 34척, 너비는 20척이다. 병신년(1776, 정조 즉위년) 여름에 조성되었다.
조양교(朝陽橋)	장경교 남쪽에 있다. 속명은 신교(新橋)이고, 길이는 29척, 너비는 19척이다. 다섯 다리의 이름은 좌상 이복원(李福源)이 하교를 받들어 지었고, 훈련대장 구선복이 하교를 받들어 쓰고 새겼다. 본궁(本宮)에 동가할 때 길이 어의동(於義洞) 입구를 경유하면 조양교가 제1교, 장경교가 제2교가 되고, 길이 관현(館峴)을 경유하면 관기교가 제1교, 광례교가 제2교, 응란교가 제3교가 된다.

동촌에는 낙산이 있고 그 앞으로 흥덕동천이 길게 흐른다. 이 물의 이름이 흥덕동천인 것은 성균관이 있는 반촌泮村의 동쪽에 흥덕동이 있기 때

문이다. 조선 후기 문인 윤기는 성균관 유생이 되어 성균관의 여러 모습을 〈반중잡영泮中雜詠〉이라는 시로 노래했는데 거기에서 흥덕동을 이렇게 묘사하였다.

흥덕동은 언덕 너머 깊숙한 곳에 있고	興德洞深隔一原
산속의 안개와 노을 동소문과 가깝네	煙霞近接小東門
늘어진 버들 속에 복사꽃 수 없이 피었고	無數夭桃垂柳裏
성긴 울타리 마른 우물의 두세 마을 있네	疏籬瘦井兩三村

이 시를 시작하기 전에 보충하는 설명에 보면 '반촌 동쪽 산기슭 밖에 흥덕동興德洞이 있는데, 지대가 평평하고 넓으며 호젓하고 깊어서 자연스럽게 하나의 마을이 되었다. 봄이면 마을에 붉은 복사꽃과 푸른 버들잎이 어우러지니, 널찍한 밭에서 한가로이 뽕따는 사람이 마치 산골짝에 은둔한 사람들 같다'고 하였다. 흥덕동이 성 안에 있지만 깊은 산속에 있는 동네이며, 봄이면 복사꽃과 버들이 어우러져 무척 아름다운 풍경을 가지고 있다는 것도 알 수 있다.

흥덕동천이 흥덕동에서 유래한 이름이라면, 흥덕동은 흥덕사興德寺에서 유래했다. 조선 태조가 태종1년(1401) 여름에 예전에 살던 흥덕동의 집 동쪽에 터를 정해 새집을 짓고는 그 집을 절로 만들어 흥덕사라고 불렀다. 고려 태조가 삼한三韓을 통일하고 나라를 이롭게 하려는 뜻에서 살던 집을 광명사廣明寺와 봉선사奉先寺로 만들었기 때문에, 조선 태조도 살던 집을 절로 만들어 대대로 나라를 복되게 하고 백성들을 이롭게 하고 싶어 흥덕사를 세웠다고 한다.

조선 건국의 큰 뜻이 흥덕사에 있었던 셈인데, 그 후 세종 때 불교의 두 종파가 통폐합할 때 흥덕사가 교종의 도회소가 되는 중요한 장소가 되었으나, 연산군 때 흔적조차 없어졌다고 한다. 지금은 그 자리에 '흥덕사지^{興德寺址}' 표석과 말에서 내리라는 하마비^{下馬碑}만 남아있다. 조선 태조가 왕이 되기 전에 살던 곳이 흥덕사가 되고 지금은 조용한 주택가가 되었다. 이 동네가 예전에는 연희방^{燕喜坊}이라고 불렸지만, 흥덕사가 있어 흥덕동이 되고, 여기에서 흐르기 시작한 물은 남쪽의 청계천을 향해 흘러가면서 흥덕동천이라는 이름으로 불리게 되었다.

흥덕사 누각 위에서 노니노라면	興德寺樓上
풍류의 정취 청신하나니	風流意味淸
푸른 버들은 허리가 간들거리고	綠楊腰裊裊
붉은 연꽃은 두 뺨이 곱기도 하지	紅藕臉盈盈
나막신 끌고 동쪽 교외로 나가고	響屐行東郭
지팡이 짚고 북쪽 성에 오르는데	携笻上北城
마음 알아주는 것은 오직 술이요	知心有歡伯
신세는 벼루와 벗 삼을 뿐이네	身世友陶泓

조선 초기 문인 서거정^{徐居正, 1420~1488}은 이 시의 앞 구절에서 흥덕동의

땅이 후미져서 인적이 드물고 한적한 곳이라 산에 오를 수 있고, 창문을 열면 시냇물도 굽어볼 수 있는 곳이라고 표현했다. 흥덕동은 봄이면 푸른 버들이 하늘거리고 여름이면 붉은 연꽃이 아름답게 피는 곳이다. 꽃구경을 하기에 좋은 곳이라 서거정은 지팡이 짚고 흥덕사의 누각에 올라 푸른 버들과 붉은 연꽃을 감상하였다.

〈흥덕사 터의 하마비〉

흥덕동에는 유명한 것이 하나 있다. 바로 연꽃 구경이다. 흥덕동은 산과 물이 아름다워 한양에서도 경치 좋은 곳으로 알려져 있는데 그중에서 흥덕동의 꽃구경이 첫손에 꼽힌다. 흥덕동 꽃구경을 흥덕상화興德賞花라고 하는데, 한양의 열 가지 좋은 구경 중 하나로 꼽는다. 흥덕동 꽃구경 중에서도 흥덕동의 연꽃구경이 제일 유명해 특별히 흥덕상련興德賞蓮이라고 불렀다.

절간의 금빛 벽이 물밑에 비치고　　　　　招提金碧照水底
연꽃이 처음 피어 씻은 듯 깨끗한데　　　　荷花初開淨如洗
붉은 안개 보슬보슬 옥난간에 떨치고　　　　霏霏紅霧拂瓊闌
향기로운 바람 불어 모시소매를 펄럭이네　　香風欲動翻袖紵

때로는 벽통주를 무한정 마시기도 하고	有時碧筒飮無數
한낮엔 고담 나누며 옥주를 휘둘렀는데	白日高談揮玉塵
중과 서로 손 잡고 달 뜨기를 기다리니	居僧挽手待明月
작은 누각 하룻밤이 비 오는 것처럼 서늘하네	小樓一夜凉似雨

이 시는 서거정이 지은 〈한도십영漢都十詠〉 중 '흥덕상련興德賞蓮'이다. 한양의 열 가지 아름다운 경치 중에 하나인 흥덕동 연꽃 감상을 노래한 것이다. 흥덕사의 절이 흥덕동천의 물에 비치고 연꽃이 피어 바람에 향기가 묻어난다. 벽통주碧筒酒를 실컷 마셨다고 하는데, 벽통주는 연잎에 술을 부어 줄기를 통과해 마시는 것으로 주로 여름에 연꽃 감상을 하고 마시는 술이

〈연꽃〉

조선의 핫플레이스, 동촌

다. 낮에 연꽃 감상을 하고 벽통주도 실컷 마셨지만 그것으로도 모자라 달이 뜨면 달빛에 환하게 빛나는 연꽃을 감상하기 위해 밤중까지 기다린다.

흥덕동 연꽃은 유명한 구경거리라 서거정뿐만 아니라 월산대군月山大君을 비롯해 강희맹姜希孟, 이승소李承召, 성현成俔 등 유명한 문인들이 흥덕동의 연꽃을 감상하고 시를 지었다.

흥덕동의 맑은 시내가 유명해 누구나 이곳에 살고 싶어 했다. 그러나 부친상을 당해 상복을 입고서 흥덕동에 집을 짓느라 대낮에도 왕래해서 여러 사람들에게 두고두고 비난을 받은 사람도 있다.

걸어서 흥덕동을 찾아가니	步尋興德洞
송공의 집이 퇴락하였네	寥落宋公家
오랜 바위엔 샘물 소리 부서지고	巖古泉聲碎
빈 뜰엔 나무 그림자 드리웠네	庭空樹影斜
습지엔 부귀한 이들이 사라졌고	習池消富貴
금곡엔 호화로운 이들도 흩어졌네	金谷散豪華
당시의 일을 묻고 싶으나	欲問當年事
추운 산에 저녁 까마귀만 날아가네	寒山閃暮鴉

이 시는 권호문權好文, 1532~1587이 지은 〈송 상국의 고택을 유람한 뒤에[遊興德洞宋相古宅後]〉이다. 송 상국은 영의정까지 지낸 송일宋軼, 1454~1520을 말

한다. 『조선왕조실록』 중종 9년(1514) 3월 15일의 기록에 예문관 검열檢
閱이 평하기를 '송일宋軼은 원래 행동에 검소함이 없고 말을 함부로 하며 사
리를 돌보지 않았다. 부친상을 당했을 때에 흥덕동에 굉장히 화려하게 집
을 지으며 상복을 입은 채 가마를 타고 대낮에 왕래하면서 감독하였고, 또
평안도에 많은 전지田地를 마련하고 뇌물이 그 문간에 가득하니 사람들이
모두 더럽게 여겼다'고 했다.

지위가 높고 재산이 많아도 검소하게 살아야 하는 것이 높은 벼슬을
하는 사람의 태도인데, 송일은 부친상 기간 동안에도 좋은 동네에 화려
한 집을 짓기 위해 본인이 직접 나서며 사람들의 눈을 두려워하지 않았
다고 한다.

시간이 흘러 송일의 크고 화려한 집은 이미 퇴락해버렸고 집터에는 오
래된 바위와 샘물, 나무만 남아있을 뿐이다. 송일이 부귀와 권력을 자랑하
려고 했지만 세월이 지나 그곳에서 즐기던 호화로운 집과 수많은 사람들
도 모두 사라지고 말았다. 권호문은 이렇게 시간이 지나면 없어지고 말 것
인데 그 옛날 왜 그리 호화로운 집을 짓겠다며 남들의 손가락질을 당한 것
인지 송일에게 묻고 싶었을 것이다.

연산군 때 흥덕동의 집을 철거하라는 명이 있었는데, 산허리와 등성이
에 새로 지은 집들은 철거하기가 불편하니 그대로 두자는 의견이 있었다.
그러나 연산군은 결국 흥덕사를 비롯해 흥덕동에 있는 집들을 철거하였
다. 흥덕동 송일의 집이 이때 철거되었는지는 알 수 없다.

흥덕동천에는 양쪽에 버드나무를 심어 봄이면 초록색 버들이 바람 따

라 흔들렸다고 한다. 조선 후기의 문인 강준흠姜浚欽, 768~1833의 〈타락산駝駱山〉 시에서 고려시대부터 동촌을 양류촌楊柳村이라고 불렀다고 밝혔다. 동촌의 한가운데를 흐르는 흥덕동천의 양쪽에 버드나무가 가득했기 때문일 것이다. 한양의 산 중에서 낙산은 시내가 맑아 강준흠도 낙산 아래로 이사하고 싶다고 했다.

흥덕동천의 맑은 물이 흐르고 양옆에는 푸른 버들이 하늘하늘 했지만, 근대화가 시작되면서 흥덕동천의 아름다운 시내 근처에는 공장이 마구 들어섰다. 한때 물이 오염되어 냄새도 심하게 났다고 한다. 그래서 흥덕동천을 복개하여 도로를 만들어 버린 것인지도 모르겠다. 북촌이나 서촌에 비해 유독 동촌에 근대 문물이 일찍 들어서면서 동촌의 옛 모습이 빨리 사라졌다. 그래도 대학로를 걸을 때면 도로 밑에 흐르고 있을 흥덕동천과 도로 위의 가로수 대신 버들을 상상해 본다. 대학로 차도 밑으로 지금도 여전히 흥덕동천은 흐르고 있을 것이다.

봄을 머금은 동산,
함춘원(含春苑)

임금이 양전兩殿이 창경궁昌慶宮으로 옮기면 담 밖에서 바라보이는 곳이 있을까 하여 해당 관사攸司로 하여금 빨리 자라는 잡목雜木을 널리 심게 하였는데, 이에 이르러 해당 관사에서 과목을 심도록 청하니, 승정원에 전교하기를, "지금 내가 애매曖昧한 말을 듣고 있다. 내 생각은 버드나무같이 쉽게 자라는 나무를 섞어 심어서 바라보이는 곳을 가리어 막고자 하는데, 이제 공조工曹에서 과목을 심기를 청하니, 이는 나의 본의가 아니다. 외간에서 들으면 반드시 나를 동산과 연못에 나무를 심어서 관상觀賞을 좋아한다고 할 것이니, 이와 같이 되면 애매함이 없겠는가? 장원서掌苑署 노예奴隸로 하여금 버드나무를 빨리 심게 하라"고 하였다.

이 글은 『조선왕조실록』 성종 15년(1484) 10월 16일의 기사로, 인수왕대비仁粹王大妃와 인혜왕대비仁惠王大妃가 창경궁으로 옮기게 되면 혹시라도 밖에서 궁궐 안이 보일까 염려한 성종이 빨리 자라는 나무를 심어서 시선을 가리도록 하라고 명령했다는 내용이다. 창경궁 내부가 보이지 않도록 창경궁 밖에 임금의 정원을 만들어 나무를 심어놓고 일반인의 출입을 금했는데, 그곳이 바로 함춘원含春苑이다.

함춘원은 창경궁 건너편 연화방蓮花坊에 있었는데 창경궁 밖에 있어도 어원御苑, 곧 임금의 정원으로 인정받았다. 어원은 창경궁의 홍화문 동쪽과 경희궁의 개양문 남쪽, 창덕궁의 요금문 서쪽의 세 곳에 있었다고 하는데, 북쪽은 상림원上林園, 서쪽은 방림원芳林苑이라 불렀다.

『승정원일기』에도 '동쪽에는 함춘원含春苑이 있고, 서쪽에는 상림원上林苑이 있다. 이곳들은 모두 궐 안을 굽어보고 있으므로 예로부터 담을 쌓고 동산을 만들었으니, 비록 궐 안과는 다르지만 모두 금원이다'라고 기록하고 있다. 동쪽의 함춘원은 창경궁으로 가는 시선을 차단하려는 목적이 있었지만, 풍수지리에 따라 지세를 보강하기 위해 그곳에 나무를 심었다고 한다.

함춘원은 성종 15년(1484)부터 만들기 시작해서 성종 24년(1493)에 정식으로 이름을 붙여 창경궁의 부속 정원이 되었다. 연산군 때는 대궐 안이 보이는 성균관 북쪽 산에서 타락산駝駱山에 이르기까지 높은 곳에 올라가 궁궐을 바라보는 것을 금지했고 집 뒷산에서 대궐 안이 바라다 보이는 곳에는 담을 쌓아서 바라보지 못하게 했다. 그러다가 창경궁이 보이게 되는 백성들의 집을 헐어버리고 확장했는데, 집을 철거한 자리에 꽃과 나무를 심어 화려하게 꾸몄다. 이후에 중종이 왕위에 오른 후 집을 떠났던 백성들이 다시 돌아와 살도록 했다.

상上이 홍화문弘化門에 나아가 무신이 활 쏘는 것을 관람하였는데 세자가 참여하였다. '함춘원含春苑'을 칠언율시로, '상원눈록 상림홍도上苑嫩綠上林紅桃'를 오언율시로 하여 입시한 신하들에게 지어 바치게 하였다. 신광한申光漢이 수석을 차지했는데 즉시 숙마熟麻 1필을 하사하였다.

중종 33년(1538) 3월 26일에 중종은 활쏘기를 구경하고 '함춘원'으로 시를 짓게 했다. 참여한 신하들 중에 신광한이 일등을 차지하여 왕의 하사품으로 옷감을 받았다. 신광한은 동촌에서도 제일 경치 좋은 곳에 살고 있었는데, 항상 함춘원을 보고 있었기에 그에 대한 시를 잘 지었을까?

녹음 짙은 별원 함춘이라 부르니	蔥蘢別苑號含春
또 봄바람 맞은 버들이 찡그리네	又值東風柳已矉
금지된 땅 외진 곳에 저절로 은혜 베풀어지니	地禁自偏恩露化
조물주의 솜씨로 먼저 뿌리니 씨앗이 터져나오네	天工先播發生仁

신광한의 문집 『기재집企齋集』에 실린 시 〈함춘원〉의 앞부분이다. 뒷부분에서는 봄이 끝나지 않기를 바라며 임금의 만수무강과 나라의 태평성대를 축원하였다. 임금이 이 시를 들었으면 상을 주지 않을 수 없었을 것 같다.

함춘원은 궁의 정원이었지만 가끔은 백성들이 억울함을 호소하는 격쟁擊錚의 장소로도 쓰였다. 격쟁은 원통함을 풀기 위해 왕이 행차할 때 꽹과리 같은 것을 치면서 직접 호소하는 것인데, 함춘원은 궁 밖에 있어도 왕실의 후원이므로 왕이 자주 그곳을 찾았을 테니 격쟁이 가능했던 것 같다. 그러나 공식적으로 함춘원에 백성들이 들어가 격쟁을 하는 것은 허용되지 않았다. 그럼에도 불구하고 새벽에 함춘원 담을 넘어 들어와 격쟁하는 것을 본 명종은 서울과 지방 각도에 명령하기를 제대로 판결하지 못해 백성이 억울함이 많았기에 함춘원에 침입해 격쟁을 하는 것이라며 더욱 분명하고 명확하게 수사하고 판결하라고 했다.

왕의 정원 함춘원은 임진왜란 때 파괴되었다고 한다. 1603년에는 창덕궁昌德宮의 후원과 함춘원含春苑 등지에 호랑이와 표범이 들락거리며 여염집의 개를 물어가는 일이 많았다. 전란 이후에 함춘원을 가리는 그물이 없어져서 호랑이와 표범이 들어갈 수 있었던 모양이다. 그러자 훈련도감에서 수포手砲를 잘 쏘는 사람을 시켜 발자국을 찾아 기필코 잡게 하라고 명령하며 호랑이와 표범 잡는 방법을 논의하기도 했다.

임진왜란 당시 순회세자順懷世子의 빈인 덕빈德嬪이 창경궁의 동궁東宮에서 세상을 떠났는데 미처 장사를 지내지 못했다. 선조가 피난을 가면서 이충李忠에게 함춘원에 가매장을 하라고 명했으나 나중에 서울에 돌아왔을 때 이충은 사망하여 끝내 세자빈의 시신을 찾지 못했다고 한다.

인조반정 당시에는 군사들이 함춘원에 나무를 쌓아놓고 불을 질렀는데 그 불이 종묘에서 난 것이라고 잘못 알아 광해군이 "이씨의 종묘가 망하는구나"라고 탄식하면서 궁을 나갔다고 한다.

임진왜란으로 황폐화된 함춘원은 인조 때에 그 절반을 떼어 말을 기르는 장소로 사용하였다. 영조 때 공사에 필요한 흙을 조달할 때도 마동산^{馬東山}과 함춘원^{含春苑}은 모두 좌청룡^{左青龍}에 해당하니 흙을 가져와서는 안 된다고 했던 것으로 보아 함춘원의 공간은 축소된 함춘원과 마동산으로 분할되었던 모양이다.

숙종 때에는 함춘원이 즐기며 노는 장소로도 사용되었던 것 같다. 숙종 때 문인 이하곤^{李夏坤}은 1700년 음력 9월 9일 중양절에 친구들과 함춘원에서 모임을 가졌다.

〈함춘원〉과 〈함춘원 터〉

9월 맑은 서리에 함춘원 나무가 노랗게 물들고	*九月淸霜苑木黃*
소나무 뿌리는 궁의 담장에 나란히 구부리고 있네	*松根列坐俯宮墻*
늦게 핀 국화 없이도 술잔 가득 띄우니	*可無老菊浮杯滿*
가을바람 불어와 모자를 날리네	*自有西風吹帽長*

이하곤은 함춘원에서 실컷 술을 마시고는 달이 뜬 후에야 떠들면서 귀가했다. 같이 갔던 여러 사람들과 웃으며 취흥이 한창 올랐다고 한다. 궁의 후원으로 사용되던 함춘원은 시간이 흐르면서 말을 키우는 목장으로 사용되다가 누구나 들어가서 술 마시며 놀 수 있는 장소가 되었다.

영조 40년(1764)에 사도세자의 사당인 수은묘垂恩廟를 함춘원에 옮겨 지으면서 정우正宇 9칸, 이안청, 재실 등을 갖추었다. 1776년 정조가 즉위하자 수은묘를 경모궁景慕宮이라고 이름을 바꾸고 비참하게 세상을 떠난 아버지 사도세자를 추숭하기 위해 정당 20칸, 이안청 6칸, 재실 등을 갖추어 확장했다. 경모궁의 편액도 정조가 직접 써서 달았다.

정조는 매달 초하루면 창경궁의 월근문月覲門을 통해 경모궁으로 갔다고 한다. 월근문은 매달 찾아뵙는 문이라는 뜻으로, 창경궁에서 경모궁으로 가는 가장 가까운 문이다. 또 경모궁에는 일첨문日瞻門을 만들었는데 매일 바라보는 문이라는 뜻으로 사도세자가 정조를 매일 봐준다는 의

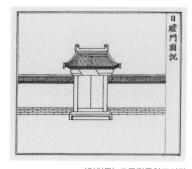

〈일첨문〉ⓒ국립중앙도서관

미를 담고 있다. 돌아가신 아버지가 매일 아들을 바라보기를 바란 것일까?

창경궁과 경모궁이 마주보이는 곳에 각각 문을 만들어 왕인 아들은 아버지를 한 달에 한 번 찾았다. 정조는 월근문과 유근문迪覲門을 지나 일첨문을 통해 경모궁으로 가는데, 평상시에는 자물쇠를 채워 봉해두고 왕이 거둥할 때만 열었다고 한다.

어린 세자 시절 아버지 사도세자의 비참한 죽음을 직접 보았던 정조가 왕위에 오르자마자 경모궁을 만들어 아버지에 대한 효심을 나타냈다. 함춘원 자리에는 사람들이 채소를 심어 팔아서 먹고 살았는데, 정조는 함춘원 자리에 경모궁을 만들면서 그 자리에 원래 살던 사람들이 터전을 잃게 될까봐 걱정하여 호조와 병조, 선혜청 및 훈련도감에 명하여 민가 10호를 모집하고 경모궁 밖 근처에 살도록 하였다.

경모궁 담장 밖과 응란교凝鑾橋 및 장경교長慶橋 근처에는 담배와 나물과 미투리를 포함해 생선과 고기를 파는 현방懸房 등을 하는 백성을 모집하여 백성들이 경모궁 근처에서 편안하게 모여 살도록 했다.

1899년에 경모궁에 있던 사도세자의 위패가 종묘로 옮겨가면서 경모궁의 이름도 경모전景慕殿으로

〈경모궁전도〉 ⓒ서울대학교 규장각

바뀌었다. 그리고 경모궁 터에 영희전永禧殿을 만들어 태조·세조·성종·숙종·영조·순조의 초상을 모셨다.

〈수선전도首善全圖〉에는 함춘원과 경모궁이 나란히 그려져 있다. 함춘원의 자리 일부를 경모궁으로 만들었던 것 같다. 함춘원 자리는 일제 때 대한의원과 경성제국대학이 들어서면서 흔적이 사라졌고 한국전쟁으로 건물이 거의 다 불타버렸다. 현재는 서울대학교 의과대학이 자리하고 있다. 의과대학 정문을 지나 오른쪽으로 돌아가면 함춘원이 있었던 터가 나오는데 '함춘원지含春苑址'라고 붙여 놓았다. 그곳에 남아있는 건물 하나는 함춘문含春門이며, 석단石壇은 경모궁의 유적이다. 함춘원의 터에서 창경궁을 바라보면 지금도 약간 높은 언덕에 나무가 있어 창경궁이 바로 보이지 않는다.

『경모궁의궤景慕宮儀軌』에 실린 경모궁전도景慕宮全圖를 지금 남아있는 유적과 비교해 보면 경모궁의 규모를 짐작할 수 있다.

| 궁궐 후원의 소나무는 군자의 모습처럼 | 宮園松檜如君子 |
| 푸른빛이 의연하게 사시사철 변함없네 | 一色靑靑四序同 |

조선 후기 문인 윤기尹愭가 표현한 함춘원의 모습은 군자 같은 소나무가 사시사철 변함없이 푸른빛을 자랑하고 있었다. 봄을 머금은 동산이라는 뜻의 함춘원은 봄이 되면 정원 가득 꽃이 화사하게 피어 그 향기와 아름다움을 서로 다투었을 것이고, 가을이면 나뭇잎마다 고운 색으로 물들었을 것이며, 겨울이면 소나무가 홀로 변함없이 푸르게 서 있었을 것이다.

조선의 대학가 일번지, 반촌(泮村)

봄기운이 무르익어 반수泮水의 동쪽과 서쪽의 인가들 사이로 꽃이며 버들가지가 그림처럼 멀리 보이니, 상上이 싱그러운 웃음을 지으며 이렇게 하교하였다.

"경성에서 아름다운 기운이 가장 많이 서린 곳으로 반촌泮村보다 더한 곳이 없으니 학문을 닦는 곳으로 삼음이 마땅하다. 땅은 이처럼 문명文明한데 인재가 나오지 않고 문풍이 진작되지 않음은 무엇 때문인가."

이 글은 『홍재전서』에 실린 것으로, 정조가 봄날 벽송정碧松亭에 올라 성균관이 있는 반촌의 모습을 표현한 것이다. 벽송정은 성균관에 있는 명륜당 뒤에 있었다고 한다. 정조는 봄날 반수의 동쪽과 서쪽에 꽃이 가득 피고 버들가지가 늘어져 있는 모습을 보고는 서울에서 아름다운 기운이 가장 많이 서린 곳이 반촌泮村이라고 했다. 그러면서 옛날에는 소나무가 빽빽

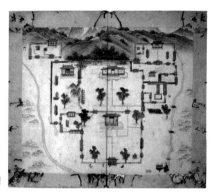

〈태학계첩〉ⓒ문화재청

하던 벽송정이 지금은 소나무가 수십 그루뿐이니 나무를 더 많이 심어 울창하게 보이도록 하라고 명령했다.

반촌은 성균관이 있는 동네를 말한다. 성균관을 반궁泮宮이라 부르는데, 천자天子의 나라에 설립한 학교를 벽옹辟雍이라 하고 제후의 나라에 설립한 학교를 반궁이라 한 데서 유래했다. 당시 중국은 천자의 나라고 조선은 제후의 나라라 보았기 때문이다. 벽옹이란 큰 연못 속에 지은 집을 말하는데 벽옹에 들어가기 위해서는 동서남북에 놓인 다리를 건너야만 갈 수 있지만, 반궁은 동쪽과 서쪽 문을 연결하는 부분만 물로 채워져 있어 벽옹에 비해 물이 반밖에 되지 않아 그 물을 반수泮水라 했고 반수에 있는 집이라 반궁泮宮이라 불렀다.

반촌에는 성균관에 소속된 노비 수천 명이 성균관 주변에 모여 살았는데, 이 사람들을 반인泮人이라고 한다. 고려의 문인 안향安珦이 학교가 쇠퇴

하는 것을 걱정하여 중국에 자금을 보내 공자와 70제자의 화상畫像 및 제기·악기·경서經書를 사들이고 국학國學을 바로 세웠다. 안향이 개성의 성균관에 자신의 노비를 헌납했는데, 반촌에 사는 반인泮人들은 모두 그때 안향이 헌납한 노비의 후손들이라 해마다 9월 20일 안향의 기일忌日이 되면 성대하게 제수를 마련하여 반촌 북쪽에 제단祭壇을 만들어 제사를 올리며 추모한다고 한다. 그래서 반촌을 안씨 노비촌이라고도 부른다.

조선 후기 문인 윤기는 성균관의 모습을 노래한 〈반중잡영泮中雜詠〉에서 "반인은 개성에서 온 사람들이기 때문에 말투와 곡哭하는 소리가 개성 사람들 같고 남자들의 복장도 화려하고 특이했다. 그들은 기개를 숭상하고 의협심이 강하여 죽음을 두려워하지 않아서 왕왕 싸우다가 칼로 가슴을 긋거나 다리를 찌르기도 한다. 풍습이 대체로 서울과 매우 다르다"라고 반인들을 묘사했다.

반인들은 문묘를 지키거나 성균관 관리의 심부름을 하거나 성균관 유생들의 식사를 제공하는 등 성균관의 잡일을 맡아서 했다. 반인들은 6개월마다 번番을 서서 성균관의 잡일을 했고, 그렇지 않은 사람들은 생업에 종사하며 세금을 냈다.

서울의 한복판에 있는 국가 최고의 교육기관인 성균관 근처에 살면서 농사를 지을 수도 없는데 반촌 사람들이 할 수 있는 생업은 무엇이었을까? 국가에서 반촌 사람들에게 특별히 지정해준 일이 있었으니, 그것은 도축과 판매였다.

성균관成均館에서 먹여 주는 유생儒生의 수가 과다하여 반찬을 대지 못했다. 쇠고기를 공궤供饋한 것이 그 유래가 이미 오래인데, 이때 생원生員 정자견丁自堅이 홀로 먹지 않자, 박훈朴薰·윤자임尹自任 등이 금하는 고기를 학궁學宮에서 쓰는 것이 불가하다고 주창하매, 여러 의논이 먹지 않기로 하였는데, 제생諸生이 재齋 안에서나 명륜당明倫堂에서는 먹고, 오직 일제히 모이는 식당食堂에서는 먹지 않으므로, 식자識者들이 특이한 체하는 것을 우려했다.

『조선왕조실록』 중종7년 10월 30일의 기사로, 성균관의 식사에 대해 논한 것이다. 농업이 산업의 기본인 조선에서 농사지을 때 필요한 소를 함부로 도살할 수 없도록 했는데, 성균관 유생의 식사에는 쇠고기가 올라왔다. 이에 유생 한 명이 쇠고기를 먹지 않으니 다른 유생들도 나라에서 금하는 쇠고기를 성균관에서 쓰는 것은 불가하다며 모두 먹지 말자고 의견을 낸 것이다. 그러나 유생들이 공부하는 재나 명륜당에서는 먹지만 함께 모이는 식당에서는 먹지 않으니 괜히 잘난 척을 하는 듯 보였던 것이다.

나라에서는 기본적으로 쇠고기를 함부로 먹지 못하게 하였지만, 최고의 교육기관 성균관에서 제례에 필요한 고기와 성균관 유생들의 식사에 고기를 제공하기 위해 반촌에 도사屠肆를 설치하고 반인들에게 소의 도살을 허용하여 쇠고기를 팔 수 있는 현방懸房을 운영할 수 있게 하였다.

현방은 고기를 매달아 놓고 팔기 때문에 매달 현懸자를 써서 현방이라고 하는데, 서울의 도성 안팎에 처음에는 48곳이 있다가 순조 때에 23곳이 되었다. 현방에서 쇠고기를 팔면 세금을 내야 하는데, 반인들은 성균관에 쇠고기로 세금을 냈다. 유본예柳本藝, 1777~1842의 『한경지략漢京識略』에는 '성균관의 노복들로 하여금 고기를 팔아서 생계를 유지하게 하고 세稅로 바치는 고기로 태학생太學生들의 먹을거리를 대게 한다'고 했다.

반촌에 있는 현방을 반포泮庖라고 하는데, 현방은 반촌에서만 운영한 것은 아니고 서울 여러 곳에 나누어 운영했다. 그중 동촌에서는 이교二橋에 현방이 있었다가 경모궁 근처 백성의 생업을 위해 광례교廣禮橋 동쪽에 추가로 설치하였다. 광례교는 광교라고도 하는데 쌍계의 물과 흥덕동천의 물이 합해지는 곳이라 다리가 비교적 넓었다고 한다.

반촌에서 소를 도살해서 국가에 필요한 고기를 바치고 개인적으로는 고기를 팔아 생계를 유지할 수 있었지만, 현방의 문을 닫고는 몰래 소를 도살해서 파는 일도 많아서 이것이 문제가 되었다. 정조 18년(1794)에는 개인적으로 도살한 사람을 잡아 조사했더니 어의궁於義宮에서 무역하는 것이라 핑계대고 싼 값에 현방懸房의 고기를 사서 몰래 팔기도 했다. 그 죄가 개인적으로 도살한 것보다 나쁘다고 하여 처벌했다. 현방이 쇠고기 도살과 판매를 독점하자 여러 가지 편법이 자행되었던 것이다.

"어약御藥인 생우황을 얻기 어렵다고 하여 사사로이 도살하는 것을 허락하는 것은 마땅하지 않아 애초에 막으려 했으나, 그렇게 하지 못하여 며칠 사이에 공사간에 도살한 것이 수백 마리가 되었다. 이는 비록 짐승이지만 마음에 측은하니, 현방懸房의 도살을 5일로 한정하도록 분부하라."

임금의 약으로 쓰이는 생우황生牛黃을 대궐에 바치도록 명했으나 생우황의 양이 적었다. 그러자 숙종이 사사로이 도살하는 것을 허락했는데, 이때 죽인 소가 수백 마리를 넘었다. 숙종 39년(1713) 7월 16일에 당시 부교리副校理 홍우서洪禹瑞가 무분별하게 소를 잡는 것이 옳지 않다고 하자 숙종이 현방의 도살을 한 달에 5일간으로 한정시킨 것이다.

또 『목민심서』에서 '병기兵器 등의 제조 업무를 맡은 군기시軍器寺에서 사용하는 우각牛角은 반포泮庖에서 징수할 것이다'라고 했는데, 소를 잡고 남는 소뿔을 반촌에서 공급받았다는 것을 알 수 있다. 쇠고기뿐만 아니라 우황이나 우각의 공급도 결국 현방에서 담당해야 하는 일이었다.

근대화가 시작되면서 성균관이 문을 닫고 반촌도 그 역할을 잃었지만, 반인들은 여전히 도축업에 종사했다고 한다. 국립대학 성균관 근처에 살면서 성균관의 일을 했던 반인들은 교육열이 높아 자녀 교육을 위해 1910년 숭정의숙을 설립하고 1923년에 숭정학교로 인가를 받았는데 고기를 판매한 수익금의 일부를 학교를 운영하는 자금으로 보태며 교육열을 불태웠다. 숭정학교는 현재 혜화초등학교가 되었는데, 지금 국제고등학교가 있는 자리에 세워졌다.

반촌에 사는 사람들의 교육열이 근대에만 불타올랐던 것은 아니다. 유재건劉在建이 저술한 중인층 이하 출신의 인물들에 대한 행적을 담은 『이향견문록里鄕見聞錄』에 반촌 사람 안광수安光洙의 이야기가 나온다. 원래는 서명응徐命膺, 1716~1787이 쓴 〈안광수전安光洙傳〉의 내용을 다시 수록한 것이다.

안광수는 반촌 사람인데 그 선대부터 성균관 반촌에 살았다. 반촌에 사는 사람들 중에 기질이 강한 사람은 바둑이나 장기로 세월을 보내거나 협객이 되는 일이 많았다. 또 이익에 급급해 예교禮敎를 따르는 자가 점점 없어지게 되자 안광수는 이를 한탄했다. 성균관이 다른 곳보다 나은 곳인데 풍습이 이래서야 되겠냐며 총명한 젊은이 70여 명을 모아 '제업문회齊業文會'라는 계를 만들어 그들을 교육했다.

그 인재의 수준에 따라 경사자전經史子傳을 가르치고 어버이를 섬기고 어른을 공경하는 도리를 밤낮으로 가르치고 따르게 하였다. 관혼상제에 대하여 손수 그림을 그려 백성이 쉽게 알도록 하여 정자程子와 주자朱子의 교범과 준칙을 벗어나지 않게 하였다. 매달 초하루에 그 무리를 전부 모아 잘하고 못함을 시험 보여 상과 벌로 권면하고 징계하였다. 이에 반촌 젊은이가 모두 분발하여 따랐다.

안광수는 학업이란 여유있게 익히고 누리는 것이 중요하다고 말하며 좋은 계절에 아름다운 경치를 찾아 학생들과 함께 술을 마시며 시 짓기를 즐겼다. 그 시를 모두 합하면 수백 편이 되었다고 한다. 2019년에 서울역사박물관에서 성균관과 반촌을 다룬 특별 전시회가 있었는데, 이때 『반림영화泮林英華』라는 시집도 공개되었다. 반림영화는 반촌에 피어난 아름다운 꽃이라는 뜻으로 성균관의 공노비 반인들의 시를 엮은 시집이다. 안광수의 교육 덕분에 나타난 성과가 아닌가 싶다.

안광수는 이런 교육법으로 인재를 많이 양성할 수 있었다. 제자들은 관

아의 서리胥吏나 문묘文廟를 지키고 성균관 유생을 부양하는 일을 하는 전
복典僕이 되었는데, 문묘에 공경하고 제사에 삼가는 것을 알고 모두 임무
를 잘 수행했다.

안광수는 말로만 제자들을 가르치는 것이 아니라 자신이 먼저 근본을
세웠다. 상중喪中에 있으면 3년 동안 나물밥을 먹고 아침저녁으로 곡을 하
는데, 심한 병에 걸려도 멈추지 않고 이것을 지켰다. 안광수가 세상을 떠나
자 반촌 사람들은 자기 집 어른이 돌아가신 것처럼 모두가 슬프게 울었다.
안광수의 장례를 예에 맞게 잘 치른 것은 물론, 그의 기일과 생일, 그리고
사시의 명절이 되면 제자들이 모여 그를 위해 제사를 도왔다.

제자들이 안광수의 제사를 돕는 것을 본 반촌의 어른들이 "우리 반촌
의 젊은이가 노인을 공경할 줄 알아 노인이 무거운 짐을 지지 않게 된 것
은 안선생의 힘이다. 옛날에 지방에서 명망이 높은 선비가 죽으면 향사鄕
社에서 제사를 지냈다고 하니 안선생 같은 분의 제사를 어찌 그 제자들만
지내게 하겠는가?"라고 하며 서로 재물을 내어 안광수의 제사를 지냈다.

반촌 사람 중에 안광수의 뒤를 이어 교육을 맡은 사람이 있는데 안광수
의 제자였던 반인 정학수鄭學洙다. 조수삼趙秀三의 『추재집秋齋集』에 〈정선생鄭先生
〉이라는 제목의 글이 있는데 여기에 주석으로 "성균관의 동쪽이 송동인데
이 동네에 꽃과 나무가 매우 많았다. 그곳 높은 곳에 강당講堂이 있는데 정
선생이 학생들을 가르치는 곳이다. 아침저녁으로 경쇠를 울려서 학생들을
모으고 흩어지게 하였다. 반촌에 사는 사람들이 말하기를 정선생이라고
했다"라는 내용이 있다. 시의 내용에는 '사방의 훌륭한 제자를 교육하는

품 넓은 옷과 폭 넓은 띠를 하고 있는[褒衣博帶] 정선생'이라고 소개했다.

반촌에는 성균관의 노비 정신국鄭信國과 박잠미朴潛美의 정문旌門이 있었다고 한다. 『국조보감國朝寶鑑』에 따르면 병자호란이 일어나자 성균관의 유생들이 모두 도망쳐 사방으로 흩어졌는데 정신국과 박잠미가 울면서 문묘에 들어가 동무東廡와 서무西廡의 위판位版 및 제기祭器와 악기樂器를 명륜당明倫堂 밑에 파묻은 뒤 성인들의 위판을 등에 지고 나와 진사進士 나이준羅以俊과 함께 남한산성에 갔다. 인조가 이를 가상히 여겨 정신국에게 품계를 내리려 했지만 그는 당연히 해야 할 일을 한 것이라며 거절하였다. 이 일로 인해 반촌에 정려문이 세워지게 되었다.

> *성균관은 열성조列聖朝로부터 우대하였던 까닭으로 순라군과 금부禁府 이속吏屬이 모두 감히 들어가지 못하였다. 인조조에 한 군교軍校(장교)가 밤에 순라를 돌다가 반촌泮村에 들어갔는데, 임금이 듣고 그 군교를 벌하라고 명하였다.*

『연려실기술燃藜室記述』의 기록인데, 성균관을 신성시해서 순라군과 의금부의 서리들도 함부로 성균관에 들어갈 수 없었다는 것을 알 수 있다. 밤에 순라를 돌던 군인이 잘못해서 반촌에 들어가게 된 것조차 벌을 받았을 정도였으니 반촌은 아무나 함부로 들어갈 수 없는 곳이었다.

그래서 조선시대에는 법을 어기고 사회를 문란하게 하는 일을 하더라도 반촌에 들어가 버리면 조사를 할 수 없었다. 의금부 서리들도 들어가지 못했으니 범인을 잡아 수사할 수 없기 때문이다. 그러다 보니 몰래 소를 잡았다거나 술을 만들어 판매하는 일을 하다 적발되면 반촌으로 숨어들어 갔다고 한다.

반촌 사람들이 천민이다 보니 억울한 일도 당했다. 선조 때 범인을 체포하는 과정에서 실수로 반촌의 노비가 잡힌 적이 있었다. 그때 심희수沈喜壽가 이 일을 밝혀 노비의 억울함을 풀어주자 반촌 사람들이 심희수의 생사당生祠堂을 지어 그 덕을 기렸다. 생사당이란 백성들이 감사나 수령의 선정善政을 찬양하기 위해 그 사람이 살아있을 때부터 받들어 모시는 사당이다.

조선 최고의 교육기관 성균관에서는 나라를 이끌어갈 인재들이 육성되고 있었고, 성균관이 있는 반촌에는 개성에서 옮겨와 성균관의 노비가되어 일을 하거나 소를 도살하고 판매해서 생계를 꾸리며 열심히 살아가는 반촌 사람들이 있었다.

조선의 차이나타운,
명인촌(明人村)

국제화시대가 시작되며 전세계 어디든 우리나라 사람이 안 가는 곳이 없고, 우리나라에도 전 세계 사람들이 많이 온다. 외국인들이 우리나라에 와서 살기 시작한 것은 그 역사가 오래되었다. 조선시대에도 풍랑을 만나 표류해서 온 사람, 전쟁 때 들어온 사람, 나라가 망해 떠돌다 온 사람…, 여러 가지 사연으로 우리나라에 정착한 경우는 많았다.

갑신년(1644, 인조 22), 청나라에 인질로 잡혀 있던 효종孝宗(당시 봉림대군鳳林大君)이 돌아올 적에 한인漢人 8명이 따라왔는데, 그들 모두에게 의동義洞 본궁 옆에 거처를 하사하였다. 그 무리 중에 고기잡이를 잘하는 자가 있어서 항상 그물로 고기를 잡아 임금에게 올려 정성을 바치곤 했다. 나중에 한인아병漢人牙兵이란 이름으로 훈련도감에 소속되어 고기잡이로 노역을 했는데 그 고초를 감내할 수 없었고, 진법陣法을 훈련할 때면 배척하여 왜군 초병 역할을 맡게 하니 천대하고 업신여기는 것이 너무 심하였다. 금상今上(정조正祖)이 명을 내려 별도로 한려군관漢旅軍官을 설치하고 훈련도감에 소속시키지 않자 비로소 고기잡이의 노역에서 벗어났다.

조선 후기 문인 성대중成大中, 1732~1812은 〈조선에 망명한 한인漢人들〉에서 효종과 함께 조선에 들어온 중국인들이 어떻게 지냈는지 밝혀 놓았다. 1636년에 병자호란丙子胡亂이 끝나고 조선의 왕자들은 중국 심양瀋陽에 볼모로 잡혀 갔다. 인조의 둘째 아들 봉림대군은 심양에서 지내는 동안 청나라에 저항하다 심양으로 압송된 명나라 사람들을 만나게 되었는데, 그들과 함께 청나라를 반대하고 명나라를 회복시키자는 의지를 불태웠다. 임진왜란 때 조선에 파병을 해준 명나라에 대한 의리이기도 하고, 청나라가 한족漢族이 아니므로 중국의 정통성을 인정할 수 없기 때문이기도 했다.

봉림대군은 볼모로 간 지 8년 만인 1644년에 귀국하면서 명나라 유민들을 데리고 왔다. 봉림대군이 데리고 온 명나라 사람들은 모두 명나라의 사대부들로 왕미승王美承·풍삼사馮三仕·황공黃功·정선갑鄭先甲·양복길楊福吉·배삼생裵三生·왕문상王文祥·왕이문王以文·유계산柳溪山이다. 이 아홉 명을 구의사九義士라고 불렀다. 이들은 명나라가 망하자 청나라를 떠나 조선에서 살기 위해 들어온 사람들이 아니라, 청나라를 반대하고 명나라를 되찾겠다는 의지를 가진 정치 망명객들이었다.

구의사 중에서 유계산柳溪山을 뺀 8명을 팔성八姓이라 불렀다. 성대중의 아들 성해응成海應은 이 8명에 대해 〈팔성전八姓傳〉을 지어 그들 한 명 한 명에 대한 내력을 밝혀 놓았다. 그중 왕이문王以文에 대해서 살펴보면, 자字는 기양岐陽이고 초명初名은 봉강鳳岡이며 산동山東의 제남濟南 사람이다. 명나라 숭정崇禎 때의 명신 왕집王楫의 손자인데 포로로 잡혀와 심양에 있다가 효종을 따라 조선에 와서 1699년에 조양루朝陽樓 옆의 황조인촌皇朝人村에서 살다가 75세로 사망했다고 한다.

이덕무도 「뇌뢰락락서보편磊磊落落書補編」에서 명나라 유민 배삼생裵三生에 대해 기록해 놓았다. 배삼생은 대동大同 사람이고 아버지가 배대산裵大山인데 청나라에 붙잡혔다. 이때 포로가 된 황조인이 10여 명이며 이들이 함께 사는 곳을 명인촌이라고 불렀다. 1645년에 효종이 조선으로 돌아올 때 배대산은 길에서 죽었다. 아들 배삼생은 중국에서 살면 청나라에 포로로 잡힐 것이 뻔하니 조선으로 왔다. 이후 조양루 남쪽에 살다가 1684년에 64세의 나이로 세상을 떠났다고 한다.

왕이문이나 배삼생 등 효종을 따라 조선에 들어온 명나라 유민들은 조양루 남쪽에 모여 살았고 그들이 살던 곳은 명나라 사람들이 사는 동네라는 뜻으로 명인촌明人村이라고 했다. 동촌의 의동에는 봉림대군이 살고 있는 본궁이 있고 그 안에 조양루가 있었다. 봉림대군은 조양루 남쪽에 명나라 사람들이 살 수 있는 곳을 마련해 주었고 그곳이 명인촌이 되었다.

봉림대군이 효종으로 즉위한 후에는 이들이 정착하여 살아갈 수 있도록 내수사內需司에 소속시켜 식구의 수에 따라 양식을 주고 훈련도감의 아병색牙兵色에 편입시켜 고기잡이로 생계를 꾸려나가게 했다. 그러나 명나라 유민들은 고기 잡는 일이 힘든 데다 외국 망명자에 대한 업신여김까지 심해 견디기 어려워했다.

효종은 이들과 자주 만나 북벌에 대해 논의했지만 즉위한 지 10년 만에 세상을 떠나고 말았다. 효종의 승하는 곧 북벌이 좌절되는 것이었다. 효종이 세상을 떠나자마자 명나라 유민 왕미승^{王美承}은 곡기를 끊고 등창에 걸렸음에도 치료를 거부하다가 죽었고, 풍삼사^{馮三仕}는 두문불출하다가 사망하고 말았다. 효종의 죽음으로 그들의 간절한 희망도 꺾여버렸기에 삶의 의욕을 잃어버린 것일까.

효종이 데려온 명나라 유민을 훈련도감에 소속시켜 '한인아병^{漢人牙兵}'이라고 했다가 정조 14년(1790)에 '한려^{漢旅}'라고 명칭을 고치고 명례문^{明禮門}에 번을 서게 했다. 한려에는 33명이 있었다고 한다. 명례문은 대보단^{大報壇}의 출입문인데 대보단에서 가장 멀리 떨어졌다. 대보단은 임진왜란 때 원군을 보내 조선을 도운 명나라 신종^{神宗}을 제사지내기 위해 만들어진 시설로 창덕궁 서북쪽에 있다. 한인아병으로 물고기 잡는 일을 하다가 명나라 황제의 제사 시설에 번을 들게 했으니 정조가 이들을 무척 우대해준 것이다.

또 황단^{皇壇}의 수직관^{守直官} 3명을 한려 중에서 선발해 상주하여 근무한 지 만 20개월이 되면 6품직으로 승급하고 만 45개월이면 가자^{加資}하며, 임기가 만료되면 전임시켜주는 등 각별히 신경을 써주었다.

우리나라에 흘러 들어와 우거하고 있는 황조^{皇朝} 사람들을 향화인^{向化人}으로 부르는 것도 말이 되지 않는 소리라서 모든 문서에 향화라는 두 글자

를 답습해 쓰지 말도록 했는데 호남에서는 지금까지도 여태 그렇게 일
컫고 있으니 사리를 모른다고 하겠다. 이 뒤로는 황조인촌^{皇朝人村}이라 고
쳐 부르고 서울 밖에 있는 장적^{帳籍}이나 읍지^{邑誌}는 이에 의거하여 바로잡
도록 하라."

정조는 1798년 9월 1일에 조선 땅에 살고 있는 중국인들에 대한 대우
를 의논하면서 명나라 유민이 살고 있는 명인촌을 황조인촌이라 고쳐 부
르게 했다. 명나라 사람을 귀화인이라는 뜻의 향화인이라 부르는 것이 말
도 안 되는 소리라며, 모든 문서에 향화라는 말 대신 황조라고 고치게 한
것이다.

정조는 명나라 유민들에 대한 기록들을 살피며 그들을 우대하려고 했
다. 또 문인 이덕무^{李德懋}는 명나라 유민들에 대한 자료를 모아 『뇌뢰락락
서^{磊磊落落書}』를 편찬하였으며 성해응은 이를 바탕으로 〈황명유민전^{皇明遺民傳}〉
과 〈팔성전^{八姓傳}〉 등을 저술했다. 또 구의사^{九義士} 왕이문의 후손인 왕덕구<sup>王
德九</sup>가 팔성^{八姓}의 일을 엮어서 『황조유민록^{皇朝遺民錄}』을 지었는데 성해응은 자
신이 지은 〈황명유민전〉과는 다른 내용이 많다고 했다. 조선 말기에는 김
평묵^{金平黙}이 〈구의사전^{九義士傳}〉을 짓기도 했다. 낯선 조선 땅에 와서 온갖 어
려움을 겪은 명나라 유민들은 효종과 함께 의기투합하며 명나라를 다시
세우기만을 바랐을 것이다. 그러나 효종의 죽음과 함께 그 존재감이 미미
해지다가 정조에 의해 다시 조명을 받을 수 있었다.

1798년에 영암^{靈巖}에 사는 황조^{皇朝} 향화인^{向化人}의 자손 박승복^{朴昇福}이 견

디기 힘든 10개 조목의 폐단을 말하면서 특별히 어사를 파견하여 조사해 달라고 격쟁擊錚을 벌이기도 했다.

> 형조가 영암靈巖의 박승복朴昇福이 격쟁擊錚한 원정原情을 가지고 아뢰니, 하교하기를, "승복이 하소연한 것이 외람된 일인 듯하기는 하다. 그러나 명색이 황조 사람의 자손으로서 보살핌을 받는 것이 점점 예전과 같지 않게 되자 그들이 답답한 심경을 토로하지 못한 채 마치 막다른 골목에 몰린 것처럼 여기게 된 것이니 어찌 애처롭기 짝이 없는 일이 아니겠는가. 그리고 더구나 진림陳林 등 여러 사람을 추가로 현충사顯忠祠에 배향하고 격일로 제사를 올리고 있는 이때에 이런 말을 듣고서 차마 가만히 있을 수는 없는 일이다. 각도의 바닷가 고을에서 이런 부류가 받는 감당할 수 없는 폐단들을 각각 도신道臣으로 하여금 상세히 조사한 다음 장계를 올리도록 하라.

이들은 조선에 정착해 대대로 살았는데 조선인으로 귀화를 선택하지 않고 끝까지 명나라 사람으로 남고 싶어해서 조선 사람들과 잘 화합하지 못했다고 한다. 그러다 보니 천대받고 억울한 일도 많이 당했다. 정조는 박승복의 일을 오히려 애처로워하며 세금이 지나친 것은 줄여주고 대우도 신경써 주었다. 박승목은 외국인으로 천대받고 살면서 억울하고 부당하다고 생각하는 일을 견딜 수 없었고 격쟁을 해야 할 만큼 절실했던 것이다. 다행히 정조가 배려해주어 억울함을 풀게 되었다.

1684년 경기도 가평군 조종면^{朝宗面} 하곡^{荷谷}의 큰 냇가 바위 위에 명나라 의종^{毅宗}이 쓴 '사무사^{思無邪}'라는 글자를 새기고 조종암^{朝宗巖}이라고 불렀다. 여기에 명나라 황제의 사당을 세웠다. 조종암에는 선조^{宣祖}가 쓴 '만절필동 재조번방^{萬折必東再造藩邦}'이라는 여덟 글자를 새겼다. 이 말은 중국의 모든 강물이 천 번 만 번 굽이쳐 흘러가더라도 결국은 동쪽의 황해로 흘러 들어가는 것처럼 임진왜란 중에 명나라가 파병을 해서 나라를 위기에서 구해 준 것에 대한 고마움은 변하지 않는다는 것을 표현한 것이다.

효종^{孝宗}은 송시열^{宋時烈}에게 '날은 저물고 길은 먼데, 지극한 아픔이 마음에 있다[日暮途遠至痛在心]'라는 여덟 글자를 써 달라고 하고 당시 유명한 서예가였던 낭선군^{朗善君} 이우^{李俁}에게 '조종암^{朝宗巖}'이라는 글씨를 받아서 가평의 바위 위에 새겼다.

큰 계책을 부흥시켜 제사의 전례를 세우니	興復丕謨歸祀典
단으로는 대보단, 묘로는 만동묘가 있네	壇有大報廟萬東
이 산속의 한 칸 띠풀집에는	一間茅屋此山裏
구의사 후손의 외로운 충성이 머물고 있네	九義雲孫寓孤忠

조선에서는 조종암에 글자를 새기며 임진왜란 때 명나라에 대한 고마움과 병자호란 때 청나라로부터 받은 굴욕을 잊지 않으려고 했다. 조선에 정착한 명나라 유민의 후손 중 왕덕일^{王德一}과 왕덕구^{王德九} 형제는 조종암 동쪽 벼랑에 제단^{祭壇}을 설치하고 대통단^{大統壇}이라고 했는데, 이곳에서 매년 1

월 4일에 명나라 태조를 위해 제사를 지냈다.

명나라 유민들은 조선에 와서 명나라가 다시 회복되기를 바라며 살았지만, 끝내 고향으로 돌아가지 못하고 조선에 남았다. 그들이 대대로 살던 명인촌은 오랫동안 외국인이 모여 살던 곳이니 조선의 차이나타운이었던 셈이다. 그런데 이곳에는 중국인이 아닌 다른 국적의 외국인도 3년 동안 살았다.

효종 4년(1653) 8월 6일에 제주 목사濟州牧使 이원진李元鎭은 배 한 척이 제주도 남쪽에서 부서져 해안에 닿았는데 어느 나라 사람인지 모르고 배가 바다 가운데에서 뒤집혀 살아남은 자는 38인이며 말이 통하지 않고 문자도 다르다고 보고했다.

파란 눈에 코가 높고 노란 머리에 수염이 짧았는데, 혹 구레나룻은 깎고 콧수염을 남긴 자도 있었습니다. 그 옷은 길어서 넓적다리까지 내려오고 옷자락이 넷으로 갈라졌으며 옷깃 옆과 소매 밑에 다 이어 묶는 끈이 있었으며 바지는 주름이 잡혀 치마 같았습니다. 왜어倭語를 아는 자를 시켜 묻기를 '너희는 서양의 크리스챤[吉利是段]인가?' 하니, 다들 '야야耶耶' 하였고, 우리나라를 가리켜 물으니 고려高麗라 하고, 본도本島를 가리켜 물으니 오질도吾叱島라 하고, 중원中原을 가리켜 물으니 혹 대명大明이라고도 하고 대방大邦이라고도 하였으며, 서북西北을 가리켜 물으니 달단韃靼이라 하고, 정동正東을 가리켜 물으니 일본日本이라고도 하고 낭가삭기郎可朔其라고도 하였는데, 이어서 가려는 곳을 물으니 낭가삭기라 하였습니다."

제주에 표류한 파란 눈에 높은 코, 노란 머리를 한 사람. 설명만으로도 서양인이라는 것을 짐작할 수 있다. 조정에서 표류한 사람들을 서울로 올려 보내게 하고 그전에 조선에 온 남만인南蠻人 박연朴燕에게 만나 보게 했다. 박연은 그들을 대만 사람이라고 했다. 대만 사람인데 왜 파란 눈에 노란 머리를 했는지 이해가 되지 않지만, 아무튼 이때는 이들을 대만인으로 알았다. 그러다가 정조 21년(1797) 10월 4일에 이서구李書九가 그들을 아란타 사람이라고 주장했다. 효종 때 표류한 아란타 사람은 누구일까? 서남쪽 변방에서 왔다는 이 사람은 1653년에 조선에 표류한 하멜이다. 지금 우리에게는 『하멜표류기』의 저자로 잘 알려져 있다. 그는 네덜란드 동인도 회사의 선원인데 거친 풍랑으로 표류하다가 제주도에 도착했다. 나중에 서울에 와서 거주하던 곳이 바로 명인촌이었다.

　　효종은 서울로 온 하멜 일행을 도감都監의 군오軍伍에 나누어 예속시켰는데, 청나라 사신이 왔을 때 그 일행 중 남북산南北山이라는 사람이 길에서 청나라 사신에게 달려가 고국으로 돌아가게 해달라고 부탁했다. 청나라 사신이 기다리라고 했지만 남북산은 애를 태우며 아무것도 먹지 않다가 죽었다. 남북산의 죽음으로 하멜 일행은 절망하고 있다가 지나가던 인평대군을 보고 살려달라고 애원했다. 인평대군이 이 사람들을 살려달라고 효종에게 간청하자 효종이 그들을 전라 병영으로 유배를 보냈다고 한다. 하멜은 국왕과 국왕의 동생 덕분에 목숨을 건졌다고 기록했다. 하멜 일행은 13년 동안 조선에서 살다가 네덜란드로 돌아갔다.

　　명인촌은 지금 연지동 기독교여전도회관 일대라고 한다. 이곳은 명나

〈하멜상선〉
ⓒ제주관광정보센터

라 유민을 비롯해 네덜란드인까지 살았던 곳인데, 근대화가 시작되면서
북장로회의 선교사들이 와서 선교기지를 만들었다. 서양식 주택과 예배
당이 들어서게 되었는데 1894년 연동교회를 시작으로 많은 교회가 생겼
다. 지금도 이곳에 연동교회가 남아있으며 근처에 한국교회100주년기념
관, 한국기독교연합회관이 있다.

　동촌에는 외국인 사신을 접대하는 곳도 있었다. 동대문 근처의 흥성
방興盛坊에 여진족 사신들을 접대하는 북평관北平館이 있었는데, 야인관野人館이
라고 부르다가 세종 20년(1438)에 북평관이라고 이름을 고쳤다. 조선 중
기에 없어졌다.

　동촌은 왕실과 명문 사대부들이 주로 사는 동네였지만, 명나라가 망하
면서 중국인이 와서 대를 이어 살았고, 여진족 사신이 와서 머물기도 했
으며, 네덜란드에서 온 파란 눈의 서양인도 살았던, 서울 성안의 국제적
인 지역이었다.

조선의
핫플레이스
동東村촌

2장

동촌의
아름다움

최고의 경치 구경,
폭천정사(瀑泉精舍)

1781년 9월 3일에 표암豹菴 강세황姜世晃. 1713~1791이 창덕궁 후원에 있는 희우정喜雨亭에 들어가 정조를 만났다. 정조가 큰 비단에 글씨를 쓰라고 명했기 때문이다. 강세황이 글씨를 쓰려고 하자 정조는 구경할 만한 아름다운 곳이 있다며 강세황을 비롯해 여러 신하들을 데리고 후원을 직접 구경시켜주었다. 정조가 궁의 담장을 따라 높은 고개에 올라서 담장 밖 동쪽의 큰 원림園林을 가리키며 인평대군麟坪大君의 옛 궁이라고 설명하고는 그 위 북쪽에 있는 정원이 누구의 집이냐고 물었다. 승지 서유방徐有防이 기재企齋 신광한申光漢의 옛집인데 지금은 어떤 유생儒生이 살고 있다고 대답했다.

69세의 나이에 임금과 함께 직접 궁의 후원을 구경한 강세황은 이날의 일을 〈어가를 따라 금원을 유람한 기문[扈駕遊禁苑記]〉에 기록해 놓았다. 정조는 궁궐 담장 너머 동쪽의 동촌을 바라보면서 인평대군의 집을 신하들에게 알려주었다. 서울에서 가장 크고 멋진 저택이었기 때문이다. 그런

데 인평대군의 집 북쪽에도 눈에 띄는 정원이 보였다. 과연 그곳에는 누가 사는지 궁금했다.

서울의 동촌에는 크고 화려한 저택과 정원이 많기로 유명했는데, 그중에서도 저택으로는 인평대군의 집이 첫 번째로 꼽혔다. 신광한의 집은 크고 화려하지는 않았지만 낙산 아래 숲과 바위를 배경으로 하고 있어 경치가 좋기로 유명했다. 정조가 멀리 동촌을 바라보았을 때도 한눈에 들어오는 곳이었다.

신광한申光漢, 1484~1555은 호가 낙봉駱峰·기재企齋·석선재石仙齋·청성동주靑城洞主이며 영의정 신숙주申叔舟의 손자다. 과거에 급제하여 호당湖堂에서 사가독서賜暇讀書의 혜택을 받았다. 사가독서는 조선시대 젊은 관료 중에서 총명한 사람을 선발해 휴가를 주어 독서와 학문에 전념할 수 있도록 한 인재 양성 제도로, 여기에 선발된 것만으로도 큰 명예로 알았다. 승승장구하던 신광한은 기묘사화가 일어났을 때 조광조의 일파라고 탄핵을 받아 좌천되었다가 파직되었으며, 경기도 여주 원형리元亨里에 추방되어 1524년부터 1537년까지 농사를 지으며 살다가 복직이 되어 동촌의 낙산 아래 옛집으로 돌아왔다.

청성의 한쪽 낙봉이 기이한데	靑城一面駱峯奇
천 길 푸른 절벽에 폭포수 쏟아지네	翠壁千尋瀑水垂
구름 지나간 후 지팡이 짚고 혼자 읊조리니	拄杖獨吟雲度後
비 오는데 창을 열어 누가 보는가	開窓誰見雨來時
신선이 사는 여러 곳 여기와 같으니	仙區幾處能如此
속세에 이런 곳이 다시 있을까	塵世何曾更有斯
남쪽 전장에 사는 신은 박씨 아들이	何謂南莊新朴子
어찌 감히 뛰어난 경치가 같다고 하는가	敢將淸勝等分之

1546년 5월에 신광한은 낙산 아래 집을 짓고 폭천정사瀑泉精舍라고 불렀다. 그리고 단오가 지난 지 3일 되던 날에 신광한과 함께 과거에 합격한 박유朴瑜의 아들 박민헌朴民獻이 신광한의 폭천정사를 방문했다. 신광한은 박민헌과 함께 앉아 바위를 가리키며 "성 안에 여기보다 아름다운 곳이 또 있겠는가?"하고 물었다. 그러자 박민헌은 "저의 선친도 낙봉의 남쪽에 있을 때 바위가 기이하다고 말씀하셨습니다"라고 하니 신광한은 그럴 리가 있겠냐며 율시 한 수를 지어서 박민헌을 놀렸다.

스스로 서울에서 최고의 경치를 자랑할 만한 집이라고 여긴 것이다. 신광한이 친구의 아들에게도 자신 있게 자랑한 이 집은 나중에 신광한의 성을 따서 '신대申臺'라고 불리며 동촌 최고의 명승지로 유명해졌다. 그렇다고 해서 크고 화려한 집은 아니었다. 그의 행장을 살펴보면, 서까래에 무늬나 단청을 그리지도 않고 겨우 집의 모양만 갖추었는데, 골짜기와 계곡이 기이하고 깊어서 숲과 샘의 경치가 뛰어났다고 한다. 신광한의 집이 유명한 것은 집이 호화로워서가 아니라 경치가 뛰어난 곳에 위치했기 때문이다.

신광한은 낙봉 기슭 서쪽에 겨우 추위와 더위를 막을 정사精舍를 하나 짓고 책으로 채웠다. 소나무와 대나무를 심고 날마다 책을 읽으며 지냈다. 하루는 밤에 홍섬洪暹. 1504~1585이 신광한을 찾아가니 왼쪽에는 거문고 오른쪽에는 학을 안고 산책하고 있었다. 그 모습을 멀리서 바라보니 신선 같았다고 한다. 정치적 곤란을 겪고 나서 서울에서 살아가던 신광한은 산속에 들어가 속세의 삶과 거리두기를 하고 싶었는지도 모르겠다.

신광한은 폭천정사 서재의 이름을 기재企齋라고 불렀다. 그는 이곳에서 지내면서 일을 많이 쉬고 두 아들과 함께 시를 읊으며 한가롭게 시간을 보냈다. 낙산 밑에 살기에 스스로 호를 낙봉駱峰이라고도 하고 청성동주靑城洞主라고도 했다. 청성동은 푸른 성의 동네라는 뜻으로 푸른색이 동쪽을 상징하므로 동촌을 말한다.

신광한은 서재의 이름을 기재企齋라고 이름 짓게 된 이유를 〈기재기企齋記〉에서 밝혔다. 서재의 이름을 바랄 '기企'로 쓴 이유는 자신의 할아버지 신숙주를 바란다는 것이라고 했다. 신숙주의 집 이름이 희현당希賢堂으로 현인賢人을 바란다는 의미이니 현인賢人을 바라면 성인을 바라게 되고 성인을 바라면 하늘을 바라게 된다. 바란다고 그것을 이룰 수 있는 것은 아니지만 그렇다고 바라는 것조차 안 되는 것은 아니니 바라지 못할 것은 없다는 의미로 서재의 이름을 기재라 지었다고 밝혔다.

신광한의 할아버지 신숙주는 1446년에 사신으로 요동遼東에 가서 명나라 한림翰林 황찬黃瓚과 함께 음운학音韻學을 강론했는데, 황찬이 신숙주를 오래 본 사람처럼 친근하게 대하며 '희현希賢'이란 두 글자로 당명堂名을 지어주었다. '희현'은 송나라 유학자 주돈이周敦頤가 "성인은 하늘처럼 되기를 바라고, 현인은 성인처럼 되기를 바라고, 선비는 현인처럼 되기를 바란다[聖希天 賢希聖 士希賢]"는 말에서 따온 것이다.

나의 서재 동쪽에 산이 우뚝 솟아있는데 그 산이 높으니 바라고 우러르며, 나의 서재 서쪽에는 길이 평평하고 곧은데 그 길을 멀리 가려면 바라고 가면 된다. 나의 서재 앞쪽에 냇물이 끊임없이 흘러가는데 냇물이 흘러가서 쉬지 않는 것을 보면 바라고 탄식하게 된다. 나의 서재 뒤쪽에 소나무가 절절하게 서로 뻗어있는데 겨울에 소나무를 보면 바라고 부러워하게 된다. 나의 서재에는 향 하나가 있고 거문고 하나가 있고 책 만 권이 있다. 때때로 향을 태우고 거문고를 연주하거나 아니면 거문고를 던져두고 책을 읽으니 그 또한 바라는 바가 있지 않겠는가?

기재의 동쪽에 있는 낙산과 앞쪽에 있는 흥덕동천, 서쪽의 평평하고 곧은 길과 뒤쪽에 있는 겨울에도 시들지 않는 기상을 보여주는 소나무. 이것들이 신광한의 집을 아름답게 만들어주는 조건이다. 게다가 서재에서 향을 피우며 사색에 잠기거나 거문고를 연주하면 되고, 그렇지 않으면 서재에 가득한 책을 골라 읽으면 된다. 이렇게 살아가는 신광한을 누가 신선이라고 하지 않을 수 있을까.

신광한은 책에 현인이 있으니 현인을 바라게 되고 책에 성인이 있으니 성인을 바라게 된다고 했다. 성인은 하늘과 같고 하늘과 같게 되면 편안해지니 결국 책을 읽고 있으면 편안해진다는 것이다. 그래서 하늘을 편안히 여겨 운명으로 삼는 것이 그가 바라는 것이다.

신광한은 갑인년 가을에 초승달 비치는 낙봉에서 가을밤을 실컷 즐겼다. 그가 즐긴 가을밤은 어땠을까?

벼슬 한가하고 경치 좋은 곳에 맑은 흥취 넘치니	官閑地勝剩淸眞
궁벽한 골짜기 사람 드물어 먼지도 적네	僻洞人稀少有塵
모래 언덕 노란 국화는 늙은이를 비웃는 듯하고	沙岸黃花如哂老
폭포바위 붉은 단풍은 봄을 다투고자 하네	瀑嵒紅葉欲爭春
옅은 아지랑이 방에 들어오니 푸른 솔이 가까워지고	輕嵐入室靑松近
떨어지는 깃털 뜰에 날려 흰 학을 기르네	落羽飛庭白鶴馴
누가 알까? 부잣집이 도리어 여기 같아	誰識朱門還似此
고요하여 신선과 이웃하고 있음을	寂寥應與道家隣

성 안에 있어도 경치 좋고 한적한 낙산. 사람이 많이 다니지 않아 조용

하고 깨끗하다. 노란 국화와 붉은 단풍과 푸른 소나무와 하얀 학. 가을 숲속의 여러 가지 낙엽과 비교해도 뒤지지 않을 화려한 색채가 가득하다. 그곳에 가을밤의 초승달빛이 아련하게 비치는 곳. 신광한은 스스로 신선이 된 것 같은 기분을 느낀다.

그래서일까? 신광한은 자신의 신변을 소재로 한 한문단편『기재기이^企^{齋記異}』중에서 〈안빙몽유록^{安憑夢遊錄}〉을 낙산에서 지었다고 한다. 안빙이라는 유생이 꿈속에서 꽃의 세계에 들어가 즐겼던 이야기인데, 낙산의 아름다운 꽃을 보며 영감을 얻었나보다.

신광한은 폭천정사에 묻혀 말년을 보냈는데 병이 들어 잠시 이곳을 떠나 있을 때 낙산의 집을 잊지 못했다. 그때 〈여름날 병이 들어 서쪽 성 밖으로 나가면서 낙산의 기재가 그리워 시를 읊어 인경^{仁卿}에게 보여주다[夏日避病西城外 憶駱洞企齋 寓詠以示仁卿]〉를 지었다.

복숭아나무 심고 대나무 심어 동산에 가득한데	栽桃種竹滿山園
봄날에 식구 데리고 성문을 나섰네	春日携家出郭門
활짝 핀 복사꽃 지금 열매 맺고	爛熳紅應今結子
얽혀 있는 푸른 대나무도 이미 죽순 생겼겠지	交加翠亦已生孫
계단에 비 내려 국화는 더욱 시들고	莎階雨菊荒深沒
바위 계곡에 바람 부니 고요한 샘물이 소리 내네	石谷風泉靜更喧
고개 돌려 낙봉을 바라보지만 아직 병든 몸이라	回首駱峯猶避癔
가장 그리운 것은 기재에 남아있는 술동이라네	最憐齋裏尙留罇

병이 들어 봄에 낙산의 집을 떠난 신광한은 가을이 되어도 돌아가지 못하고 있었다. 봄날 뜰 가득히 피어있는 복사꽃이 그립고 대나무가 푸르게 커가는 모습도 보고 싶지만, 어느덧 복사꽃도 져서 열매를 맺고 대나무는 죽순을 키워낼 때가 되었다. 시간이 지나도 병이 낫지 않아 집으로 돌아가지 못하지만 마음만은 낙산의 집으로 달려가고 있다. 가을이 되어 국화가 다 지도록 병이 낫지 않아 낙산으로 돌아가지 못하는 서글픈 마음이 잘 드러나 있다.

낙산 기슭에 살았던 조선시대 문인 지봉 이수광은 위의 시에 차운을 하기도 했다. 권반權盼, 1564~1631을 위해 벽에 쓰여있는 신광한의 이 시에 차운한다고 했는데, 이 시가 어느 벽에 써 있던 것인지는 모르지만, 신광한의 이 시가 낙산을 노래한 시 중에서도 손꼽혔던 것 같다.

빈 뜰 초목에 이슬방울 맺혔는데   空庭艸樹露華團

산빛은 푸르러 더위를 가시게 하네   山氣蒼然暑氣殘

기재의 오늘밤 달이 절로 좋으니   自愛企齋今夜月

맑은 빛이 낙봉의 얼굴을 비추는구나   淸光來照駱峯顔

신광한은 1555년 윤11월 낙산 기재에서 72세로 눈을 감았다. 이 시는 신광한이 세상을 떠나기 직전에 지었다고 한다. 낙산의 신선 신광한이 세상을 떠났어도 그의 집과 정원을 찾는 문인들의 발길은 끊어지지 않았다. 동촌에 살았던 이정귀의 아들 이명한과 이소한, 그리고 한문4대가인 장유張維와 이식李植, 이정귀의 제자인 최유해崔有海가 신광한의 집을 찾기도 했다.

　장유는 〈여러 문사文士들이 기재의 옛 집터에 모였는데, 택풍자가 시를 지어 화답하라고 하기에, 차운하여 주인 신생에게 주다[諸詞伯集企齋舊墟澤風子有詩屬和 次韻贈主人申生]〉라는 시를 남겨 당대 쟁쟁한 문인들이 방문했다는 것을 알려 주고 있다.

산하가 적막하니 느낀 바 있어	寂寞山河感
문인들과 술잔 들고 돌아왔네	諸公把酒歸
샘은 말라 폭포를 볼 수 없고	泉枯失瀑布

〈홍천취벽〉

조선의 핫플레이스, 동촌

오래된 바위엔 이끼만 가득하네	石老長苔衣
집이 그대로 있어 사람은 살고	堂構人猶在
남은 흥취 나누어도 괜찮네	分留興不違
병들어 술 마시고 시 읊는 일 드물지만	病來觴詠闊
이끌려 따라와 영광을 빌려보네	牽帥借光輝

　장유뿐만 아니라 이때 참석한 다른 문인들도 이날의 모임을 시로 남겼다. 이소한은 '빼어난 땅은 예나 지금이나 같지만 시선詩仙은 떠나가서 돌아오지 않는구나[勝境今猶古 詩仙去不歸]'라는 구절로 시작하는 시를 지었고, 이명한도 같은 제목으로 절구를 지었는데 달이 뜨는 시간까지 즐겼다는 것을 알 수 있다.

　『신증동국여지승람』 한성부 편에 보면 "신광한申光漢의 집이 타락산 아래 있는데, 세상에서 '신대명승지지申臺名勝之地'라고 한다. 표암豹菴 강세황이 '홍천취벽紅泉翠壁'이라는 네 글자를 써서 새겼다"라고 했다.

　신광한의 집은 아름다운 낙산의 좋은 위치에 지어져 전망이 뛰어났을 뿐만 아니라 집 뒤에 있는 바위도 유명했다. 어느 날 강세황이 신대를 방문해서 바위에 '홍천취벽紅泉翠壁'이라는 글자를 직접 써서 새겨 두었다. 안 그래도 신대는 '신대명승申臺名勝'이라 불리며 많은 문인들이 찾아가는 곳으로 유명했다. 그런데 당시 시와 글씨와 그림이 모두 뛰어나 시서화詩書畵 삼절三絶이라고 불린 문인화가 강세황이 직접 글자까지 써서 새겨주었으니, 이것을 보기 위해 더 많은 사람들의 발길이 끊이지 않았을 것이다.

신광한의 집에는 물맛이 좋기로 유명한 우물이 있었다. 신광한의 집 신대에 있는 우물이라고 하여 '신대우물'이라고 불렀다. 낙산은 물이 특히 유명해서 낙산 밑에 우물이 많았다. 낙산이 낙타 모양을 하고 있어 낙산의 유방에 해당하는 곳에 있는 우물은 특히 더 물맛이 좋기로 이름이 났다. 그중 하나는 이화동에 있고 또 하나가 바로 신광한의 집에 있는 우물이다.

우물의 위치가 낙타의 젖이 나는 곳이라고 해서 물맛도 좋았겠지만, 우물이 있는 곳의 바위가 기묘하여 더욱 아름답게 보였을 것이다. 게다가 강세황이 '홍천취벽'이라는 글자도 새겼으니 어쩌면 낙산 최고의 우물이라고 해도 과언이 아닐 것이다.

이 우물 위 바위에 새겨진 강세황의 글자로 인해 동촌에 사는 문인들이 계모임을 만들어 '홍천사紅泉社'라고 했다. 강세황이 쓴 '홍천취벽紅泉翠壁'에서 이름을 따서 만든 것으로, 동촌에서 나고 자라 생을 마감한 동촌 이씨 집안의 이만수李晩秀, 1752~1850가 주도한 모임이다.

강세황이 직접 바위에 써서 새겨주었다는 '홍천취벽' 네 글자는 1960년대 초까지는 남아 있다가 지금은 땅에 묻혀버렸다고 하니 안타까운 일이다. 홍천취벽의 바위는 지금 이화장 후문에 남아있는데 글자는 묻혔어도 바위 아래에 새긴 글자와 조각이 조금 보인다. 언젠가 땅을 파서라도 볼 수 있게 하면 좋겠다. 당시 신광한의 집은 동촌의 최고 명승지로 손꼽혔지만 집도 우물도 강세황의 글자도 모두 찾아볼 수 없다. 신광한의 집이 있던 자리에는 지금 우리나라 초대 대통령 이승만이 살았던 이화장이 들어서 있다.

앵두꽃과 복사꽃이 아름다운,
송동(宋洞)

성균관대학교 후문 쪽으로 나가 국제고등학교 방면으로 가면 조용한 주택가가 나온다. 지금은 동네 이름이 혜화동이지만, 조선시대에는 송동宋洞이라고 불렀다. 조선시대 대학자인 우암尤庵 송시열宋時烈, 1607~1689이 살았던 곳이라 송동이라 불렀다고 한다. 이 동네는 꽃나무가 많아 봄이면 꽃놀이를 즐기는 사람들이 많이 찾았다.

지금 우암의 집은 흔적도 없이 사라졌지만, 우암의 옛 집터라는 뜻의 '우암구기尤庵舊基'라는 비석이 남아 송시열의 집터라는 것을 알려주고 있다. '우암구기' 비석 근처에는 돌벽에 '증주벽립曾朱壁立'이라는 큰 글자가 새겨져 있다. 그곳에 송시열의 집터라는 표지석도 있는데, 송시열이 직접 쓴 것이라고 한다.

'증주벽립'은 유교의 성현인 증자曾子와 주자朱子의 뜻을 계승하고 받들겠다는 의지를 표현한 것이다. 증자와 주자는 어떤 역경에도 굴하지 않았기

〈증주벽립〉

에 송시열도 그들처럼 지조를 지키겠다는 뜻으로 송동에 살면서 좌우명으로 삼았다고 한다. 주자는 증자가 공자의 학통을 곧게 지켰다고 하면서 '만 길이나 되는 높은 절벽처럼 우뚝했다[壁立萬仞]'고 한 말에서 나온 것이다.

이 증주벽립 벽에는 이상한 이야기도 전한다. 『임하필기林下筆記』의 기록에 의하면 "송동의 석벽에 틈이 한 길쯤 나 있는데 그 속에 작은 개구리가 숨어 산다. 가끔 두세 마리 혹은 네댓 마리가 나타나는데 그 수가 일정하지는 않고, 봄이나 가을이나 가리지 않고 항상 그 석벽 틈에서 산다. 크기도 거의 똑같고, 사람이 붙잡아 땅에 꺼내 놓으면 곧바로 위로 올라가 그곳으로 숨어버린다"라고 하는데, 『임하필기』를 지은 이유원李裕元이 어릴 때 한 번 본 적이 있고 어떤 노인 역시 어렸을 때 봤다고 한다.

연암 박지원의 손자 박규수朴珪壽, 1807~1877도 이 개구리에 대해 이야기했다. 1819년 9월에 임금이 가마를 타고 정릉貞陵에 배알할 때 박규수는 동대문 밖에 나가서 의장대를 구경하고, 동촌의 여러 경치를 구경하다가 송동에 가서 증주벽립을 보았다.

절벽이 천 길이나 높이 솟아	立壁仰千仞
떨어지는 물줄기 깊은 웅덩이 만드네	落泉類深坑
오고 가는 제비는 얕은 물을 차고	客燕蹴淺水
졸고 있는 백로는 누운 나무에 서있네	眠鷺立臥樫
바위틈에 숨은 금개구리 찾으려 했건만	巖罅覓伏蛙
나무 끝에 날다람쥐만 보일 뿐이네	林端見超鼪

박규수는 이 시구에 "세상에 전하기로, 바위틈에 천 년 묵은 금색 개구리가 있는데, 도를 지닌 학인^{學人}이 오면 출현한다고 전한다"고 주를 달아 놓았다. 금개구리를 찾아 도를 지닌 학인이 되고 싶었던 박규수. 그때 나이 열세 살이었다고 한다. 어쨌든 송동의 개구리는 세월이 지나면서 자꾸 여러 가지 이야기를 만들어낸 것 같다.

조선 후기 문인 윤기^{尹愭, 1741~1826}는 성균관 동북쪽에 있는 송동이 경치가 빼어나게 호젓하며 '증주벽립^{曾朱壁立}' 네 글자가 새겨진 푸른 바위가 깎아지른 듯이 서 있었다고 했다. 송동은 경치가 좋은 곳이라 사람들이 많이 찾아가 놀며 경치를 감상하는 곳이었다. 윤기도 손님이 찾아오면 송동으로 구경을 갔는데, 특히 꽃이 피는 봄날이면 많은 사람들이 구경 가는 곳이라 손님과 함께 구경하기에 좋았을 것이다.

한가한 틈을 내어 송동에 와서	偸閑入宋洞
오솔길을 요리조리 따라가는데	尋逕逐橫斜
구불대며 흐르는 물은 마음 맑게 하고	屈曲淸心水
짙고 옅은 꽃들은 눈이 부시네	淺深纈眼花
성문 근처 산이 서려 골짜기 되고	近闉盤作峽
바위에 기대 공교롭게 집을 지으니	依广巧爲家
세속의 먼지가 못 날아오게	不使紅塵到
푸른 산이 절반을 가려주었네	靑山一半遮

동촌에 살았던 윤기는 송동에 자주 놀러가며 시를 남겼다. 특히 봄날의 송동을 자주 노래했는데, 꽃이 많이 피는 송동이 유독 봄에 아름다웠기 때

〈우암구기〉

문이다. 봄날이면 어른 아이 모두 구경을 나오고 위로는 산이 있고 많은 나무들 사이에 성곽이 보이니 조물주의 조화가 아니면 만들어내지 못할 광경이라고 했다.

송시열은 효종이 된 봉림대군의 스승이었는데, 효종이 왕위에 오르자 정치적 중심인물이 되어 북벌정책을 추진하기도 했다. 송시열의 집터 근처에 있는 서울과학고등학교

조선의 핫플레이스, 동촌

교정에는 큰 바위가 있는데, 표지석에 '천재암千載巖(천년 바위)'이라고 쓰여 있다. 그리 높지 않은 천년 바위 위에 올라가 보면 바위는 예나 지금이나 다름이 없다는 뜻의 '금고일반今古一般'과 시가를 읊는 바위라는 뜻의 '영반詠攀'이라는 글자가 새겨져 있다. 이 글자도 송시열이 직접 쓴 글씨라고 한다. 이 바위 옆에는 오래된 소나무 여러 그루가 자태를 뽐내고 있다. 소나무 가지가 옆으로 퍼진 데다 오래되었는지 버팀목으로 버티고 있다.

이 바위에서 동촌을 내려다보면 그 광경이 더없이 아름다웠는지 윤기는 이 너럭바위에 신선처럼 앉아 봄 햇살 가득한 하늘을 바라보며 여유를 즐겼다. 그곳에 앉으면 경모궁景慕宮 안에 피어있는 봄꽃이 수를 놓은 듯 화려하고 봉림대군이 살았던 조양루朝陽樓 밖에는 봄날의 버들이 흐드러졌다.

〈천년바위 소나무〉

시내 한가운데지만 과연 시장이 어디 있나 싶게 한적하니 삼공三公과도 안 바꾸고 여생을 보내고 싶다고 했다. 이 바위는 두고두고 문인들이 시 짓는 장소로 사용되었다.

> 하루는 여러 공公들이 서로 이끌어 송동宋洞에 갔는데, 그때 살구꽃이 활짝 피고, 시냇가에는 버들 빛이 짙푸르렀다. 소나무 그늘 밑에 앉아 담소하며 즐기는데, 그중에 어떤 사람이 일어나서 말하기를, "선비의 놀이가 사치스러운 것은 마땅치 않으나, 술이 없을 수는 없다. 우리들이 나라의 특별한 은혜를 입어 상으로 받은 종이와 붓이 많을 것이니, 각기 종이 약간씩을 가져다가 추렴하여 한 차례 마시는 것이 좋지 않겠소"하니, 모든 사람이 좋다고 하였다.

이 글은 다산 정약용이 지은 〈송동宋洞에서 꽃구경하며 지은 시의 서序[宋洞看花詩序]〉의 일부다. 1784년 봄에 정약용이 성균관에서 공부하고 있을 때 정조가 성균관 유생들에게 시문을 짓는 재능을 장려하느라 상품을 하사했다. 이때 성균관 유생들이 숲속에 모여 놀았는데, 상을 받은 사람 30여 명 가운데 정약용이 가장 나이가 어렸다.

상을 받은 유생들이 성균관 뒤쪽에 있는 송동에서 꽃놀이를 하면서 왕에게 상으로 받은 종이와 붓을 조금씩 추렴해서 술자리를 마련했다. 나이 순서대로 술을 마시면서 "오늘 이 술은 임금께서 주신 것이니, 각기 시 한 수씩을 지어서 우리 성상께서 우리를 도야陶冶하고 성취시켜 주신 은혜를 칭송하지 않겠습니까?"라고 하면서 시를 지어 모았는데 정약용이 서문을 썼다. 왕에게 좋은 종이와 붓을 하사받은 성균관 유생들이 살구꽃 핀 봄날 송동에서 꽃놀이를 하며 감사의 시를 짓는 모습이 아름다워 보인다.

동촌에는 아름다운 낙산의 경치도 좋지만, 꽃이 피는 봄날의 풍광으로는 송동이 제일로 꼽혔기에 봄이 되면 많은 사람들이 구경을 나왔다고 한다. 특히 송동은 흥덕동천興德洞川의 개울이 흘러 꽃과 물과 산을 아낌없이 즐길 수 있는 곳이었다.

송동에는 앵두가 유명해 앵두꽃이 필 때나 앵두가 열릴 때면 사람들이 많이 모여 들었다고 한다. 조선 후기 문인 김윤식金允植, 1835~1922은 음력 5월 20일에 송동의 앵두가 한창 익었다는 소식을 듣고서 송시열의 옛집을 사서 이사한 친구 이연사李硯史의 집을 방문했는데, 이때 함께 간 친구들과 시를 지었다.

송자가 남긴 집이 푸른 산에 기대 있는데	宋子遺堂倚碧山
깨끗한 띠집이 세속에서 벗어났네	茅茨蕭灑出塵間
섬돌 따라 흐르는 물은 패옥소리를 내고	循階流水自鳴佩
담 에워싼 높은 언덕 관문을 설치한 듯	繞壁崇岡若設關
동네 안 노을 속에서 이제 주인이 되니	洞裏烟霞今作主
술동이 앞에서 담소 나누며 몇 번이고 웃네	樽前談笑幾開顔
봄이 오면 꽃구경 약속 저버릴까 걱정이니	春來恐負看花約
그대 동룡문 향해 새벽 반열을 좇아야 하네	君向銅龍趁曉班

김윤식은 이연사의 집에 이연익李淵翼과 이관익李觀翼, 홍종우洪鍾禹와 함께 갔다. 경치 좋은 송동에 송시열이 살던 집에 가보니 봄날 꽃놀이할 생각에 미리 마음이 들뜬 것 같다. 이날의 집들이 이후로도 김윤식은 동촌의 친구들과 자주 송동에 갔는데 송동은 성균관 북쪽에 있는 곳이라 그곳에 가면 하루 종일 글 읽는 소리가 들렸다고 한다.

나막신 신고 떠나는 이 행차 해마다 있으니	蠟屐年年有此行
그대 집 앵두가 익을 때가 우리들 움직일 때	君家櫻熟我期程
길이 끝나자 이내 기쁜 물소리 먼저 들리고	路窮乍喜先聞水
마을 후미져 성안에 있지 않은 것만 같네	村僻還疑不在城
봄 지나도록 꿀 따던 벌은 여전히 부지런하고	蜂課經春猶役役
막바지 꾀꼬리 노랫소리는 곧고도 밋밋하네	鶯聲垂老直平平
두건 벗고 홀로 소나무 그늘에 앉으니	脫巾獨向松陰坐
거문고 소리 듣는 객 세속의 마음 아니네	有客聽琴非世情

김윤식이 친구 이연사의 집을 방문했을 때 성을 한 바퀴 도는 순성巡城도 준비했다. 서울의 성벽을 따라 걷는 순성의 출발지점으로 송동의 위치가 좋았던 것 같다. 그래서 나막신 신고 해마다 순성을 하는데, 순성하는 날은 송동의 앵두가 익을 때로 잡았다. 푸른 나뭇잎에 매달린 붉은 앵두의 모습이 아름답기도 하지만, 앵두는 선비들에게 각별한 의미가 있는 열매다.

당나라 희종僖宗 때부터 진사進士에 급제한 사람들에게 앵도연櫻桃宴을 베풀었다. 유담劉覃이란 사람이 처음 급제를 하고 나서 공경公卿들을 모아 놓고 마침 풍성하게 열린 앵두를 가져다 잔치를 열었던 것에서 시작된 것이다. 정약용은 진사가 되었을 때 아직 앵두가 열리지 않아 앵두 그림을 놓고 앵도연을 대신했다고 한다. 선비들에게 앵두는 과거 합격의 영광을 상징하는 것이니 언제라도 앵두를 보는 일이 즐거웠을 것이다.

게다가 송동 뒤의 산기슭에 오르면 숲과 바위가 뛰어난 데다 산꼭대기에는 활 쏘는 사대射臺가 있어 경치가 좋았다. 유명한 송동의 앵두도 구경하고 경치도 즐기고 순성도 할 수 있으니 더없이 즐거운 봄나들이라는 것을 짐작할 수 있다. 김윤식의 친구가 송시열의 옛집을 사서 이사했기 때문에 김윤식이 송동에 자주 가서 즐겼는지 송동에서 지은 시가 많다.

송동은 꽃나무가 많아 봄꽃놀이로 유명하지만, 한편으로 가을에도 즐기기 좋은 곳이었던 것 같다. 박지원은 9월 9일 중양절重陽節에 송동에 갔다.

송동에서 화전 부치며 옛일을 읊조리고	宋洞花鰷吟古事
맹원에서 풍모 쓰고 가을 햇빛을 사랑하노라	孟園風帽媚秋暉
노쇠한 노인 올해도 건강하니	婆娑又得今年健
천길 언덕 꼭대기에서 옷자락을 털어 보세	千仞岡頭試振衣

박지원은 중양절에 자신의 집에 있는 영대정映帶亭에서 가을 단풍과 국화를 즐기며 송동에서 화전花煎을 부치던 옛날을 회상했다. 이 시에 박지원이 붙여 놓은 주석을 보면 그전에 송동에 모여서 화전을 부쳐 먹고 높은 곳

에 오르자 약속했지만 그렇게 하지 못했다고 한다. 북촌에 살았던 박지원도 동촌의 최고 꽃놀이 명승지 송동에서 화전을 부쳐 먹었던 일이 즐거운 기억으로 남았던 모양이다.

송동은 봄꽃놀이로 유명한 곳이지만 여름날 피서하기에도 좋았던 것 같다. 동촌의 호동壺洞에 살았던 남용익南龍翼, 1628~1692은 여름 피서를 송동으로 갔다. 성균관 뒤쪽 깊은 숲과 성균관의 반수가 흐르는 곳이라 복잡한 시내에 살고 있으면서도 송동이 높은 곳이 있어 다행이라고 했다. 우거진 소나무 숲의 그윽함과 반수의 흐르는 물소리를 들으며 멀리 낙산을 바라보고 있으면 저절로 더위를 이길 수 있었을 것이다.

호동에 살았던 오도일吳道一, 1645~1703은 1699년 봄에 성 안으로 들어오게 되면서 호동의 옛집에서 1700년 겨울까지 살았다. 오도일은 4월 1일에 호동에 사는 홍수주洪受疇, 1642~1704와 송동에 놀러가기로 약속했지만 홍수주가 병에 걸려 가지 못하게 되자 혼자서 송동에 갔다. 음력 4월이라 이미 꽃이 거의 다 지고 있었지만 송동의 남은 꽃이 오히려 더 붉고 아름다웠다. 해가 저물 때까지 송동의 소나무 그늘 아래에서 즐기다 돌아왔다고 한다.

조선시대에는 공신이 죽으면 왕이 제물과 제문을 보내어 제사를 지내주었다. 정조가 송시열의 제사를 지내주려고 할 때 송시열의 신주神主를 송동宋洞에서 받들려고 했는데 산등성이가 이어진 땅은 송시열과 대립했던 윤휴尹鑴, 1617~1680가 살던 포동浦洞이었다. 포동은 성균관 서북쪽의 개천이 있는 곳에 있던 마을로 갯골이라고도 하는데, 이곳은 송동과 산등성이로 이어져 있었다. 일생을 대립했던 두 사람이 산등성이로 이어진 가까운 곳에 살았던 것이다.

정조는 송시열이 일생 동안 깊이 미워하며 통렬히 배척한 사람이 윤휴였으니, 그의 영혼이 어찌 그곳에 안주하려 하겠느냐며 송동으로 가지 못하게 했다고 하는 내용이 『홍재전서』에 전한다.

대학자 송시열이 살았던 곳이며 동촌 제일의 꽃구경하기 좋은 곳 송동. 지금은 주택과 학교 등이 차지하고 있고 반수가 흐르던 곳도 복개되어 옛 모습을 상상하기는 어렵지만, 한적한 골목을 걸으며 표지석으로 남아있는 옛 흔적을 찾아보면서 아름다웠던 동촌의 모습을 상상해 봐도 좋겠다.

잣나무 우거진 낙산의 첫 동네, 백동(柏洞)

낙산 아래에는 흥덕동천이 흘러 뒤에는 산이고 앞에는 물이라 많은 문인들이 집을 짓고 살았다. 낙산이 높지 않고 낙타 모양으로 길게 뻗어 있어 낙산의 북쪽에서부터 남쪽까지 집을 짓고 살기에 적당했던 것 같다. 낙산 북쪽의 혜화문에서 낙산을 타고 남쪽까지 성곽이 이어지는데, 낙산의 첫 번째 동네가 백동柏洞이다. 백동이라는 동네 이름은 어떻게 붙게 되었을까?

백림정柏林亭 : 타락산 아래에 있는데 박은의 옛집이다. 이 정자 이름으로 인하여 동리를 백동柏洞이라고 한다.

『신증동국여지승람』한성부 편에 보면 낙산 아래에 박은朴誾, 1370~1422이 살았는데 그 집에 백림정柏林亭이라는 정자가 있어 동네를 백동柏洞이라 불렀다고 설명하고 있다. 박은은 조선 태종 때 문인으로 이 동네에 살면서 잣

〈수선전도 중 백자동〉
ⓒ서울대학교 규장각

나무를 심어놓고 백림정柏林亭이라는 정자를 지어 동촌의 아름다운 경관을 감상하며 풍류를 즐겼던 것으로 유명하다.

　박은이 심은 잣나무가 세월이 지나며 점점 늘어 이곳은 잣나무 숲을 이루었는데, 잣나무가 많아 잣나무 '백柏'을 써서 백동이라고도 불렀고 잣을 뜻하는 '백자柏子'의 글자를 써서 백자동柏子洞이라고도 했다.

　김정호가 1825년경에 제작한 것으로 추정되는 서울의 채색지도 〈수선전도首善全圖〉에는 낙산 밑에 '백자동'이라는 지명이 또렷하게 인쇄되어 있다. 우리말로 '잣골' 또는 '잣나무골'이라는 이름도 있었다니 이 동네에 잣나무가 많긴 많았던 모양이다.

　박은은 여러 종류의 많은 나무 중에서 왜 하필 잣나무를 심었을까? 『논어論語』의 「자한子罕」 편에 "날씨가 추워진 뒤에야 소나무와 잣나무가 늦게 시드는 것을 알 수 있다[歲寒然後 知松柏之後凋也]"라는 글이 있다. 계절의

변화에 따라 색이 변하거나 잎을 떨구거나 하지 않고 언제나 푸르게 서 있으며, 추운 겨울이 되어 모든 나무들이 잎을 떨구고 있을 때 오히려 홀로 푸르게 서 있는 모습이 바르게 살아가는 군자의 모습과 같다고 생각했다.

중국 전한前漢 때 어사부御史府에 잣나무 숲 백림柏林이 있어서 사헌부를 '백림'이라고도 불렀다. 어사부는 규찰糾察하고 탄핵하는 책임을 맡은 사헌부에 해당하니 잣나무가 바른 것을 상징한다는 것을 알 수 있다. 또 잣나무는 열매를 맺어 잣을 생산하기 때문에 잣나무가 있으면 수익을 얻을 수도 있고 좋은 재목이 될 수도 있어서 나라에서 심으라고 권장하는 나무 중 하나기도 하다. 잣나무가 마을에 많으면 경치도 아름답고 잣나무의 좋은 뜻을 따를 수도 있으며 실용성도 있었던 것이다.

백림정의 주인 박은은 고려시대의 명신 이곡李穀의 외손자이며 조선을 건국하는 데 큰 공을 세웠다. 좌의정을 지냈고 금천부원군錦川府院君에 봉해졌다. 박은은 건국 공신으로 지위가 높았지만 청렴하게 살아 매우 가난했다고 한다.

태종이 하루는 미행微行으로, 박은朴訔의 집에 갔다. 그때 박은의 지위는 높고 이름났지만 가세는 매우 가난하였다. 마침 조밥을 먹다가 재채기가 나서 바로 임금을 맞이하여 절하지 못하고, 문 밖에 조금 오래 서 있으니 임금이 매우 노하였다. 박은이 황공하여 사실대로 아뢰니 임금이 이르기를, "경卿은 재상인데 조밥을 먹는가?" 하고, 사람을 시켜 들어가 보게 하였는데 과연 사실이었다. 임금이 놀라고 감탄하면서 특별히 동대

문 밖 고암전鼓巖田의 땅을 약간 하사하였다.

『신증동국여지승람』에 전하는 이 이야기를 통해 박은이 재상으로 있으면서 얼마나 가난했는지를 알 수 있다. 높은 벼슬에 있는 박은이 조밥을 먹는다는 것을 믿지 못한 태종이 결국 사실을 알고는 밭을 주어 살림에 보탬이 되도록 했다.

『연려실기술燃藜室記述』과 『동국여지비고東國輿地備考』에도 같은 이야기가 전하는데, 앞부분에 "공은 비록 지위가 신하로서는 지극히 높은 정승이었으나 봉록을 모두 나누어서 친척 집을 구제하였으므로 집이 매우 가난하였다"는 설명이 붙어 있다.

박은은 항상 백성을 생각하였는데 비록 죄인일지라도 백성이라고 여겼다. 그래서 죄인을 신문訊問할 때 매를 때리는 형벌에 정해진 숫자가 없어 죄인이 너무 많은 매를 맞는 것을 보고 탄식하면서 "이런 형장 아래서야 무슨 자백인들 못하겠습니까" 하고 한 번의 형장을 30대로 정했다. 지나친 형벌이 없는 죄도 자백할 수 있게 하니 가혹한 형벌은 옳지 않다고 하여 30대까지만 때리게 한 것이다. 이후로는 죄인에게 30대 이상 때리지 못하게 했고 이 제도는 나중에도 계속 이어졌다.

한번은 의주에 큰 가뭄이 들어 백성이 생업을 잃게 되자 의주 백성의 세금을 줄여주자고 청했다. 태종은 우리나라가 땅도 좁고 사람도 적으며 농지의 세금도 적어서 군비를 위해서는 세금을 줄일 수 없지만 박은의 말을 듣고는 의주의 세금을 줄여주었다고 한다.

언젠가 유량柳亮, 1355~1416이 박은을 협박하자 박은이 "공의 나이가 되면 나 또한 공과 같을 것인데, 어찌 서로 핍박하기를 이와 같이 하시오" 하였다. 그러다가 1397년에 유량이 왜인과 결탁하여 나라를 배반하려 한다고 하여 죄를 다스리게 되었는데 이때 박은이 사헌부 시사侍史에 임명되었다. 전에 유량에게 욕을 당했으니 반드시 유량의 죄를 밝혀낼 것을 기대한 임명이었다. 유량은 박은을 보자 머리를 숙여 눈물만 흘렸는데, 박은이 서류를 보고는 붓을 던지고 "죄 없는 사람을 죽을 곳으로 빠뜨리는 짓을 나는 하지 않겠다"라며 서명署名을 하지 않아 유량은 죽지 않게 되었다.

공적인 일을 처리하는 데 개인적인 감정을 끼워 넣지 않겠다는 의지다. 죄인을 다스릴 때도 가능하면 형벌을 줄여주었는데, 무거운 벌로 백성을 힘들게 하기보다는 적당한 벌로 반성하게 하는 것이 낫다고 보았기 때문이다. 이런 박은을 동네 사람들이 자랑스러워하지 않을 수 없었을 것이다.

백자정에서 백동이라는 이름이 나왔다면 백자정이 무척이나 아름답고 유명한 정자였기 때문이라고 생각하기 쉽다. 하지만 건국 공신이면서도 청렴하게 사느라 쌀밥 대신 조밥을 먹고 살았던 박은이 정자를 화려하게 지었을 리가 없다. 그 동네에 사는 사람들은 훌륭한 선비 박은을 자랑스러워하여 백동이라는 이름을 지었다고 한다.

백동이 있는 낙산에는 물이 유명해 낙산 밑에 여러 개의 우물이 있었다. 그중에서도 백림정 옆에 있는 큰 우물은 물맛이 좋기로 손꼽혔다. 백동에 잣나무 숲이 우거져 예전부터 맑은 물이 샘솟았는데, 물맛이 좋을 뿐만 아니라 우물이 크고 깊어서 아무리 가뭄이 들어도 물이 줄지 않고 일정하게

〈백동우물〉

수량을 유지하여 마을 사람들이 모두 마셨던 우물이라고 한다.

　서울의 대표적인 우물로도 이름이 높았는데, 그 우물의 이름은 '백동우물'이다. 우물이 크다고 해서 '큰 우물'이라고도 불렀고 우물 옆에 연당蓮塘이 있어서 '연당우물'이라고도 불렀다. 백동우물은 지금은 사라졌지만, 예전 백동이었던 동숭동 마로니에 공원 뒤 일석회관을 왼쪽으로 끼고 돌아가면 새로 만든 우물 모양이 있다. 우물의 형태로만 만들어놓았기 때문에 물은 나오지 않는다. 조선시대에 아무리 가물어도 풍부한 물을 제공했던 백동우물이 이제는 그 흔적만 겨우 남기고 있을 뿐이다.

　백동은 동네가 넓어서 상백동上柏洞과 하백동下柏洞으로 나뉘었다. 상백동은 우리말로 우잣골, 또는 윗잣골이라고 불렸는데, 동숭동에서 혜화동에 가까운 곳이다. 하백동은 아랫잣골로 불렸는데, 동숭동 일대에 해당한다. 백동의 백림정이 유명한 정자라 문인들의 글에 자주 등장할 것 같았지만, 별로 나오는 것이 없었다. 이유는 백림정이 조선 전기에 사라지고 대신 그 근처에 송정松亭이 세워졌기 때문이다.

> *이 해에 12명의 동갑 아이들과 교제하며 계契를 결성하였다. 이름을 '오*
> *동五同'이라 했는데, 같은 해에 태어났고, 같은 마을에 살고, 같은 취향을*
> *가졌고, 같은 학사學舍에서 배우고, 계원의 숫자와 나이의 숫자가 똑같았*
> *기 때문에 그리 지은 것이다. 상복을 벗은 뒤에 백곡柏谷의 송정松亭에서 날*
> *마다 과업으로 글 짓는 모임을 가졌다.*

동촌에 살았던 이정귀의 연보에 나오는 내용이다. 1575년 동촌에 살았던 12명의 동갑내기 아이들이 계를 만들어 오동계라고 이름을 지었는데, 이정귀가 모친상을 당한 다음해에 계원들이 백곡柏谷에 있는 송정松亭에서 날마다 모여 글을 지었다는 것이다. 여기서 백곡은 백동이다.

낙산의 첫 번째 동네 백동은 조선시대에 노론의 명문 함종 어씨의 어유 붕魚有鵬, 1678~1752 가문이 대를 이어 살았던 곳으로 유명하다. 어유붕의 연보에 그는 한양 동부 숭교방崇敎坊 백곡의 집에서 태어났는데, 어유붕의 할아버지 어진익魚震翼, 1625~1684이 처음 백동에 살기 시작했다고 한다. 어유붕이 쓴 어진익의 행장에 보면 1784년에 낙산 아래 백동의 새집에 돌아와서 살다가 그해 8월 25일에 세상을 떠났다고 한다. 어진익부터 시작해 손자 어유봉과 그의 삼형제가 모두 동촌에 터를 잡고 살았다. 함종 어씨의 어효첨魚孝瞻, 1405~1475이 박은의 사위이고 어세겸魚世謙, 1430~1500이 박은의 외손자이니 함종 어씨가 백동과 오래전에 인연이 있었던 것일까?

백동의 백림정이 일찍 사라진 대신 협간정夾澗亭이라는 유명한 정자가 생겼다. 『신증동국여지승람』에 협간정을 "타락산駝駱山 아래에 있다. 앞에는 시내와 폭포가 내려다보이니 동촌東村 사람들의 놀고 구경하는 장소가 되었다"라고 소개하였다. 『한경지략漢京識略』에서는 쌍계雙溪 이복원李福源, 1719~1792이 지은 것이라고 밝혀 놓았는데, 이복원은 연안 이씨로 이정귀의 6세손이다.

이복원의 호는 쌍계雙溪인데, 동촌에 흐르는 시내의 이름이다. 그는 정승의 자리에 있으면서도 항상 소박한 선비 차림을 하고 행실이 독실하여 유상儒相으로 불렸다. 유상은 유현儒賢으로서 삼공三公의 직책에 오른 사람을 지칭하는 말이다. 정조가 규장각을 설치했을 때 제일 먼저 그를 제학提學으로 제수하여 오랫동안 의지하였다. 문장이 뛰어나 대제학을 맡았고 관직이 좌의정에 이르렀다.

이복원의 아들 이만수李晩秀, 1752~1820는 아버지가 지은 협간정에 대해 여러 시를 남겼다. 시의 내용을 보면 협간정은 작은 정자라 여러 사람들과 갈 때는 정자에 바짝 좁혀 앉아야만 했다고 한다. 청렴한 선비가 짓는 정자가 크고 화려할 리가 없다. 낙산에서 쌍계의 두 줄기 맑은 시냇물이 흘러가는 것을 바라보며 사람들과 시를 짓는 것으로 만족했을 것이다. 백동

지역을 쌍계동이라고도 불렀는데 울창한 숲과 기묘한 바위, 그리고 두 줄기로 흐르는 쌍계의 물줄기로 인해 삼청동천, 백운동천, 옥류동천, 청학동천과 함께 한양의 5대 명소에 꼽히기도 했다.

기대企臺와 협간정	企臺與雙澗
서로 숲과 못 하나를 바라보네	相望一林塘
샘이 답하면 이어서 봉우리가 소리 내고	泉答連峯響
꽃이 그 사이 지나가니 동천이 향기롭네	花通隔洞香
......	
낙봉의 그림자 깊은 계곡에 거꾸러지고	峯陰轉幽壑
하늘의 푸른빛 빈 못에 떨어지네	空翠滴虛塘
속세와 상관없이 비 내리니	不管人間雨
다만 숲속에서 향기 맡을 뿐	但聞林下香

기대企臺는 신광한의 기재企齋를 말한다. 쌍간雙澗은 낙산에 흐르는 쌍계를 말할 수도 있고 협간정을 말할 수도 있다. 이만수가 협간정이라는 제목으로 지은 시이니 협간정으로 보는 게 좋지 않을까 한다. 오래전부터 있었던 낙산의 명승지 기대와 새롭게 지어진 협간정이 낙산의 아름다운 경치와 쌍계의 맑은 물을 즐길 수 있다는 것을 의미한다고 보겠다.

쌍계의 물소리가 낙산의 봉우리에 메아리치는가 하면 봄날 꽃이 날리면 쌍계동천이 꽃향기로 가득하게 된다. 물에는 낙산이 비쳐 낙봉이 거꾸로 보인다. 이 좋은 경치를 혼자만 즐기지 않고 여러 문인들과 함께 모여 술을 마시고 서로 시를 짓는다.

협간정에서는 약회約會를 하기도 했다. 향촌의 규약을 정하고 모이는 약회일 수도 있고 그저 뜻이 맞는 사람들끼리 모이는 모임일 수도 있다. 협간정에서 만나 산과 물을 바라보고 자연을 감상하면서 서로 술을 마시고 좋은 문장을 만들어내기도 한다. 협간정에서 모임을 하면 정자 앞에 은하수의 별빛이 가득하고 울창한 소나무의 파도가 음악을 연주하는 것 같고 구름 비단이 좋은 문장을 만들어낸다고 했다. 협간정에 있으면 저절로 시심詩心이 생기게 되는 것 같다.

협간정에 대해 조선 후기 문인 김조순金祖淳, 1765~1832이 시를 남겼는데, 그는 이만수와 함께 협간정에 가서 〈협간정에서 운자를 나누어 공空자를 얻다[夾澗亭分韻得空字]〉를 지었다.

늦은 봄날 혜화문 밖에 있던 북저동北渚洞에서 복사꽃 구경을 하다가 술기운이 올라와 한창 즐거울 때 갑자기 비가 내렸다. 꽃구경이 끝나지도 않았는데 비가 내리니 서운하다. 우산을 펴고 처마 밑에 붙어 앉아 밥을 먹다보니 어느새 해가 저물어 협간정으로 달려갔다.

해 저물어 말머리를 나란히 어디로 향하는가	日暮聯鑣向何處
극노展老의 이름난 동산이 산의 동쪽에 있네	展老名園山之東
맑은 술에 산적 안주로 오늘 저녁을 즐기세	清酒將炙永今夕
줄지어 벌여놓은 잔칫상에 여러 시동 분주하네	筵几秩秩趨羣僮

극노^{屐老}는 나막신 노인이라는 뜻인데 이만수를 말한다. 이만수는 정조에게 나막신을 선물로 받고 그 후에 호를 극옹^{屐翁} 또는 극원^{屐園}이라고 했다. 당시에 협간정이 유명한 정자였기에 미처 못 한 꽃놀이를 협간정에서 마저 해보자고 달려간 것이다. 해가 저무는 시간에 무슨 꽃놀이를 할 수 있을까 싶지만 좋은 사람들이 달려와 함께 즐기니 낮의 꽃놀이보다 더 좋았을 것이다.

백동은 조선 초기에 박은의 백림정이 있었고 중기에는 송정이 있다가 후기에 협간정이 있었다. 지금은 모두 사라지고 없다. 이 정자들을 크고 화려하게 지어났다면 오래 남아있었을지도 모르지만 청렴하고 소박하게 살았던 선비가 지은 작은 정자는 오랜 세월을 견디지 못했다. 그러나 작은 정자에서 있었던 여러 즐거운 일은 글로 남아 지금껏 전한다.

서울 최고의 정자 쌍계재(雙溪齋)가 있는,
쌍계동(雙溪洞)

집 주변에서 가장 뛰어난 경관이 '쌍계^{雙溪}'다. 그 동쪽 근원은 산기슭에서 콸콸 솟아 산골짝 돌 틈 사이로 흘러내려온다. 바닥이 보이도록 맑아서 손으로 떠 마실 만하며 침을 뱉을 수 없을 정도다. 그 옆을 일구어 홍도^{紅桃}, 벽도^{碧桃}, 삼색도^{三色桃}를 심었다. 봄에 복숭아꽃이 흐드러지게 피면, 노을이 불타고 안개가 뭉실뭉실 솟을 때에 꽃잎이 물에 떠 흘러 인간 세상이 아닌 신선의 세계가 된다. 여름에 시원한 그늘을 이루면, 나무 아래 돌 위 그늘에 앉아 술잔을 띄우고 과일을 물에 담가 놓고 번잡한 가슴, 막힌 사념을 상쾌하게 씻어 내어, 깨끗이 속세를 벗어난 생각을 하게 된다.

쌍계^{雙溪}는 쌍으로 흐르는 냇물이다. 이 글은 조선시대에 문풍^{文風}을 잡았던 문인 서거정^{徐居正}이 1481년 9월 9일 중양절에 쓴 〈쌍계재기^{雙溪齋記}〉의 일부다. 쌍계의 동쪽에서 시작하는 물을 실감나게 묘사했으며, 쌍계재 옆에 심은 세 가지 복숭아나무가 봄이면 꽃을 활짝 피워 마치 신선의 세계에 있는 듯하다고 감탄하고 있다.

이 글의 뒤에서는 서쪽에서 시작하는 물에 대해 표현했다. 물이 산기슭으로부터 거문고 소리와 옥 구르는 소리처럼 쏟아져 작은 연못을 만들었기에 그곳에 연꽃을 심으니, 연꽃 향기와 연잎 그림자는 벗삼을 만하다고 했다. 또 그 물길을 끌어다 농원에 물을 대니, 밭에 먹을 채소가 한두 가지가 아니라고 하면서 쌍계재를 부러워하고 있다.

서거정이 부러워하는 쌍계재의 주인은 조선 초기의 문인 김뉴^{金紐,}_{1436~1490}다. 김뉴는 서거정과 같은 해에 과거 급제를 한 동년^{同年}인데, 소년 급제를 하여 대각^{臺閣}의 벼슬을 하고 사헌부를 거쳐 이조참판^{吏曹參判}에 이르렀다. 높은 지위에도 간소한 차림으로 지내면서 꽃과 나무를 심어 감상하고 시를 읊으며 여유 있게 지내다가 쌍계동에 좋은 터를 찾아 쌍계재를 지었다.

김뉴는 시^詩와 서^書와 금^琴에 모두 뛰어나서 삼절^{三絶}이라 불리며 뛰어난 재능을 자랑하고 있었는데, 쌍계재라는 멋진 정자까지 있으니 하늘이 유독 김뉴에게만 너무 많은 것을 준 것이 아니냐며 서거정이 부러워하는 글을 남긴 것이다.

서거정이 유독 과장을 한 것일까? 쌍계동은 두 줄기로 시냇물이 흐르는데, 뒤에는 나무가 울창하여 바위와 잘 어울리고 사계절 모두 그 풍경이 아름다웠다고 한다. 특히 이곳에 꽃나무가 많아 한양에서 경치 좋은 곳을 꼽을 때 삼청동, 인왕동에 이어 세 번째에 해당했다.

김뉴는 이곳에 복숭아나무를 심어 무릉도원을 꿈꾸었고 당시의 문인들이 이곳을 방문해 즐겼다.

가시덤불 베어내고 깊고 좁은 곳 넓히고	乃翦荊棘闢深窄
재목을 모으고 이엉을 이어 집 한 채 지어내니	誅茅鳩材爰始規畫
뜰은 말을 돌릴 만하고	庭可旋馬
마루는 자리를 벌일 만한데	堂容列席
질박하지도 않고 사치하지도 않게	不朴不侈
한 도度와 한 척尺도 격식대로	靡違度尺

이 글은 강희맹姜希孟이 지은 〈쌍계재부雙溪齋賦〉의 일부다. 시작 부분은 성균관 동쪽 골짜기 깊은 곳에 아름다운 나무가 울창한데, 냇물이 두 갈래로 나뉘어 구슬을 울리는 듯 흐른다는 위치를 설명하고 있다. 이어서 좋은 땅을 숲에 묻히게 했으니 반드시 현명한 사람이 개척할 것인데, 서울 안을 구석구석 훑어서 반수泮水를 찾아 돌아가다가 산을 등지고 남쪽을 향한 곳에 집터를 잡았다고 했다.

깊은 골짜기에 아름다운 나무가 울창하고, 두 갈래로 흐르는 냇물이 맑은 소리를 내며 바로 옆 성균관의 명륜당에서 글 읽는 소리와 조화를 이루는 곳. 봄과 여름, 가을과 겨울의 모습이 모두 개성 있고 의미 있어 군자가 편안하게 천 년을 살 수 있는 집. 시내에 있으면서도 산속에 숨어 있는 듯하여 쌍계를 사랑한다고 말하고 있다.

인간 세상에 살면서도 신선의 세계에 살고 있는 듯한 공간 쌍계재는 김뉴가 꿈꾸던 무릉도원이었을 것이다. 그래서 그는 복숭아나무도 종류별로 심어 그 꽃의 아름다움을 감상하면서 복사꽃이 가지고 있는 의미도 만끽했을 것이다.

어부가 강을 거슬러 올라가다 복사꽃잎을 따라 동굴로 들어가 별천지를 만난다는 도연명陶淵明의 〈도화원기桃花源記〉. 당나라 시인 이백李伯이 "복사꽃 흐르는 물에 아득히 멀어져 가니, 별천지가 있어 인간세상이 아니로다[桃花流水杳然去 別有天地非人間]"를 노래한 〈산중문답山中問答〉. 이 아름답고 환상적인 공간이 먼 옛날 중국의 문학에서만 만날 수 있는 것이 아니라 바로 쌍계재에도 항상 존재하지 않았을까?

그래서 서거정은 김뉴가 있는 곳을 '쌍계재雙溪齋의 도화동桃花洞'이라고 했다. 그곳에 복숭아나무가 만 그루나 있어 꽃이 피면 붉은 바다와 같다고 하면서 무릉도원이 바로 쌍계동에도 있다고 했다. 혜화문 밖 북저동에도 복숭아나무가 많아 봄이면 복사꽃으로 장관을 이룬다고 하여 그곳을 도화동이라고 불렀다. 이미 도화동이 북저동에 있으니 김뉴가 있는 곳은 쌍계재의 도화동이라고 부른 것이다.

도원동 안쪽 여기가 바로 쌍계인데	桃源洞裏是雙溪
매화 동산 풍류가 대나무 길과 접했으니	梅塢風流接竹蹊
내가 남여 타고 한번 방문하고 싶으나	我欲籃輿一相訪
얼어붙은 벼랑길 미끄러워 못 오르겠네	氷崖雪徑滑難躋

이 시는 서거정이 병이 들었을 때 김뉴에게 보낸 시로 〈병중 회포를 써서 김자고金子固의 쌍계재雙溪齋에 부치다[病中書懷。寄金子固雙溪齋]〉의 3수 중 첫 번째 시다. 복사꽃이 유명해 봄날 쌍계재에 가는 것도 좋지만, 겨울이면 매화가 피었을 테니 겨울에도 가고 싶었을 것이다. 병이 들어 가마라도 타고 가고 싶지만 높은 곳에 있는 쌍계재에 가려면 가파른 길을 올라야 하는데 겨울이면 냇물이 꽁꽁 얼어붙어 가고 싶어도 갈 수 없었다.

봄에는 꽃놀이를 하고 여름에는 시원하게 흐르는 쌍계의 물소리를 듣고 가을에는 곱게 물든 단풍을 즐기면 된다. 겨울에는 설경을 즐겨도 좋지만 겨울 추위를 뚫고 피어나는 매화를 감상하는 것이 선비에게는 또 하나의 즐거운 일이다. 서거정이 겨울에 쌍계재에 가서 매화를 볼 수 있었다면 아마 병이 금방 낫지 않았을까. 그래도 겨울의 쌍계재는 김뉴에게 더 좋았을 지도 모른다. 겨울이면 더욱 인적이 드물어져 혼자서 온전하게 겨울의 쌍계재를 차지했을 테니.

금헌琴軒이 바로 쌍계의 굽이진 곳에 있으니	琴軒正在雙溪曲
쌍계는 완연히 거문고의 혀가 되었도다	雙溪宛作琴中舌
비올 땐 바람 폭포요 비 개이면 패옥 소리인데	雨時風瀑晴佩環
더구나 소나무 바람은 끊임없이 불어대네	況有松濤吹不輟

이 시는 김종직金宗直이 쓴 〈금헌琴軒에서 자고子固가 시 짓기를 요구하다[琴軒子固索賦]〉의 앞부분이다. 여기에서 '자고子固'는 김뉴의 자字다. 김뉴의 집

에 자연을 즐기는 쌍계재라는 정자가 있다면, 거문고를 연주하며 머무는 '금헌琴軒'이라는 방이 있다. 김뉴의 거문고 솜씨가 무척 좋았다고 한다. 김뉴는 쌍계의 흐르는 물소리가 마치 거문고 소리 같고, 비가 오면 폭포 같고 비가 개면 구슬 소리 같았다고 표현할 만큼.

동산 숲은 산뜻하여 선방 같은데	園林瀟洒似禪房
다시 날은 샘물을 끌어 작은 못을 만들었네	更間飛泉作小塘
꿈속에서는 응당 봄풀의 시를 지을 것이요	夢裏應成春草句
앉아서는 한가히 이슬에 젖은 연꽃의 향기를 보리라	坐來閑看露荷香
발에 가득한 붉은 비는 떨어지는 복사꽃이요	滿簾紅雨桃花落
땅을 덮은 푸른 연기는 긴 버들가지더라	羃地靑煙柳線長
흰 돌과 푸른 이끼에 시내는 몇 굽이인고	白石蒼苔溪幾曲
술을 불러 유상을 띄우는 것 방해하지 않으리	不妨呼酒泛流觴

『속동문선續東文選』에 실린 이 시는 조선 전기의 문인 이승소李承召, 1422~1484의 〈판서 김자고의 쌍계재에 쓰다[題金參判子固雙溪齋]〉의 일부다. 이 시의 앞부분에서 집 밑에는 맑은 시내가 있고 집 위에는 산이 있어 숲을 지나가는 작은 오솔길이 구름 속으로 들어갈 것 같아 도성 안에 있으면서도 속세를 벗어난 듯하다고 했다.

봄이면 복사꽃이 붉은 비처럼 떨어지고 여름이면 연꽃 향기가 가득한 쌍계재. 문장이 뛰어나고 청렴하게 살았던 이승소도 김뉴가 있는 쌍계재가 무척 부러웠을 것이다.

서거정은 고고하고 올곧은 선비는 세속을 벗어나 고상하게 지내고, 이름난 벼슬을 하며 부귀를 누리는 사람은 고관대작의 옷을 입고 고대광실에서 지내는데, 누구라도 둘 중에 하나만 가질 수 있지 둘 다 가질 수는 없다고 했다. 그런데 김뉴는 이 둘을 모두 가졌으니 하늘이 김뉴에게만 후한 것인가 물었다.

김뉴는 서거정과 같은 해에 문과에 급제해 대각臺閣의 벼슬을 역임하고 사헌부의 장관을 거쳐 육조의 참판이 되어 그 벼슬이 이미 높았다. 그렇지만 성품이 맑아 쌍계 깊은 곳에 집을 짓고 간소한 차림으로 꽃을 보고 시를 읊으며 마치 은자隱者처럼 지냈다. 높은 지위와 많은 재물을 가지게 되면 저절로 맛있는 음식이나 좋은 옷과 같은 사치스러운 것에 마음을 뺏기기 쉽지만 김뉴는 스스로 그것을 절제할 줄 아는 힘이 있었던 것이다. 어쩌면 절제하기 위해 쌍계의 깊은 곳에 들어가 자신을 다스리고 있었는지도 모르겠다.

쌍계재는 서거정이 "경치 좋은 곳에 터를 잡았는데 풍경이 아주 마음에 드는 곳이었다"고 부러워할 만큼 도성 안의 신선세계였는데, 김뉴는 이곳을 사는 집이 아니라 조정에서 퇴근하면 쉬는 장소로 만든 것이라고 한다.

맛있는 음식에 물리고 비단옷에 싫증이 나면 경치 좋은 곳을 찾아 멀리 있는 시골이나 궁벽진 곳까지 찾아다니지만 그렇게 찾아다녀도 얻지 못하는 경우가 대부분이고, 비록 그런 곳을 찾았다 하더라도 너무 멀어 갈

수가 없는데 김뉴는 조정에 출퇴근하기도 좋은 가까운 곳에 이렇게 완벽한 신선의 세계를 찾았다.

> 공자는 냇가에 있으면서 '가는 것'에 대한 탄식을 했고 맹자는 "근원이 있는 물이 콸콸 솟아서 밤낮을 쉬지 않고 흐른다"라고 하였다. 정말로 성현들의 '가는 것은 지나가고 오는 것이 이어지는 뜻'과 '웅덩이를 채우고서야 나아가는' 교훈을 깨달아 여기에 종사하여, 흐름을 거슬러 근원을 찾아 차례를 따라 차츰차츰 나아간다면, 배우는 자의 '아래에서 배워서 위로 통달하는 공부'와 군자의 '실천을 과단성 있게 하고 덕을 기르는 일'이 마무리될 것이다.

이 글은 서거정의 〈쌍계재 기문[雙溪齋記]〉 뒷부분이다. 하나가 아닌 두 개의 물줄기가 흘러가는 쌍계를 보면서 하나가 둘을 낳고 하나의 근본에서 만 갈래가 되는 것의 의미를 알아야 한다고 했다. 물이 시작되어 나누어지다가 다시 합쳐지는 것을 보고 구덩이를 메워야만 앞으로 나아가는 물의 성질을 생각하면서 공자와 맹자가 물을 보며 깨달은 이치와 교훈을 잊지 말라고 당부했다.

그러면서 마지막에는 혹시라도 산수를 지나치게 좋아하고 풍월이나 희롱하여 사물을 즐기며 감상하느라 뜻을 잃게 된다면, 그것은 김뉴에게 바라는 바가 아니라고 마무리했다. 하늘이 유독 김뉴를 사랑해 함께 가질 수 없는 것을 다 주었으니 김뉴는 하늘의 뜻을 알고 실천했을 것이다. 쌍계가 흐르던 곳은 지금 모두 복개되어 그 물길을 볼 수 없다. 쌍계재가 있었던 곳은 주택이 들어서고 당시 서울 사람들의 눈을 현혹한 복숭아나무도 사라지고 말았다.

조선 유일의 단엽홍매가 있는,
연화방(蓮花坊)

동촌은 꽃과 나무가 아름답기로 유명하다. 특히 이화정의 배꽃과 송동의 복사꽃, 연지동의 연꽃이 유명해 꽃피는 시절이면 많은 사람들이 모였다. 또한 낙산의 소나무와 잣나무가 무성하고 흥덕동천의 버드나무가 줄지어 있어 동촌의 자연은 서울 안에서도 최고로 손꼽혔다. 그중에서 연화방의 홍매가 유독 유명했다.

이정귀의 집은 연화방蓮花坊에 있다. 사당 앞에 단엽홍매單葉紅梅가 있는데, 중국인이 공公에게 선사한 것이다. 우리나라에서 홍매화가 단엽인 것은 이 한 그루뿐이다.

이 글은 『신증동국여지승람』 한성부 편에 실려 있다. 한성부의 동부는 7방으로 구성되었는데 그중 연화방은 동쪽에 연지蓮池가 있어 연꽃이 많이 피기 때문에 붙여진 이름이다. 이곳에 이정귀의 고조 이석형이 살기 시작해 대대로 그 후손이 연화방에 살았다. 이정귀의 집도 연화방에 있었는데 그 집에는 우리나라에 하나뿐인 홑겹의 홍매화가 있었다.

요즘처럼 비행기로 빠르게 수송이 가능한 것도 아니고 살아있는 식물이 어떻게 중국에서 조선에 들어올 수 있었을까? 이정귀는 당시 외교 일선에서 활약하였다. 네 번이나 명나라에 사신으로 다녀왔으며 여섯 번이나 명나라 사신을 접반接伴하는 임무를 맡았다. 조선 중기 4대 문장가로 손꼽히며 문학적 위상이 높았고 중국의 문단에도 그 명성을 알렸다.

1616년에 이정귀가 광해군의 어머니인 공빈 김씨를 왕후로 추존하는 일을 처리하러 북경에 갔다가 이 단엽홍매를 얻어왔다. 이 매화는 북경 황실의 정원인 곤명원昆明園에서 자란 것으로 명나라 신종神宗 황제가 직접 감상하던 매화이며 '악록선인萼綠仙人'이라는 이름으로도 불렸다. 그렇다면 이정귀는 어떻게 황제의 매화를 조선에 가지고 올 수 있었을까?

이 매화는 명나라 관리 웅화熊化. 1581~1649가 시를 잘 지어서 황제에게 상으로 받은 것인데, 오래 교유하던 조선 문인 이정귀에게 선물한 것이다. 웅화는 북경에 사신으로 온 이정귀를 자신의 집에 초대하여 식사를 대접했는데 이때 이정귀는 황제가 옆에 두고 감상하던 매화를 보았다. 매화는 흰색에 붉은 기운이 비치는 보기 드문 홍매였고 게다가 홑겹이라 매화의 기품이 더욱 고상했다.

처음 보는 품종의 매화를 본 이정귀는 조선에 가지고 가서 오래 보고 싶다고 부탁을 했다. 그러나 그 매화는 웅화가 황제에게 상으로 받은 것이라 줄 수 없다면서 단엽홍매는 중국에서도 무척 귀한 품종이라고 했다. 이 매화에 마음을 빼앗긴 이정귀는 웅화에게 제안을 했다. 바둑 내기를 해서 이기면 매화를 달라고 한 것이다. 웅화는 이정귀의 제안을 받고 바둑 내기를 했는데 이정귀가 이겨서 황제가 감상하던 매화를 받아올 수 있었다.

이정귀의 문집 『월사집月沙集』에 실린 연보에 "1617년에 웅화가 청렴하고 올곧으며 중망이 있어서 사람들이 '사헌부의 굳은 돌[烏臺介石]'이라고 불렀는데, 이정귀가 북경에 도착하자 자기 집에 초청하여 연회를 베풀어 매우 공손하게 예절을 갖추어 명나라 조정의 사람들이 우러러보지 않는 이가 없었다. 돌아오는 길에 황제가 하사한 『속강목續綱目』 한 부와 홍매紅梅 화분 하나를 이별의 선물로 주었다"고 기록하고 있다.

성해응成海應의 〈황조고물기皇朝故物記〉에는 이정귀가 바둑 내기를 해서 받은 것이 『송원강목宋元綱目』이고 웅화가 여기에 홍매도 같이 주었다고 했다. 『송원강목』은 『속강목』의 다른 이름이다. 아무튼 매화와 책 중에서 어느 것이 내기 물품이었는지 모르지만 매화만큼 『속강목』도 중요한 것이기 때문에 이런 혼란이 일어난 것 같다.

웅화에게 받은 단엽홍매는 명나라 황제가 옆에 두고 감상하던 것이고 『속강목』도 황제가 읽던 책이라고 한다. 그래서 이정귀가 받아온 책에는 황제의 소장인이 찍혀 있었다고 하니 매화보다 책을 더 중요하다고 여겼기 때문에 책에 매화를 덧붙여 받았다고 하는 것인지도 모르겠다.

웅화에게 받은 매화와 책에 대해서는 『황사매책시문첩皇賜梅冊詩文帖』에 자세한 내용이 나와 있다. 매화는 이정귀의 집에 심었지만 『속강목』은 잃어

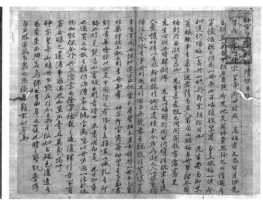

〈황사매책시문첩 皇賜梅册詩文帖〉ⓒ국립중앙도서관

버렸는데 1681년에 이정귀의 증손 이흥조李興朝가 약방에 갔다가 잃어버린 책을 찾아 다시 구입해 이정귀 집안으로 돌아오게 되었다.

이정귀의 문집 『월사집月沙集』을 찾아보면 웅화에게 매화와 『속강목』을 받았다는 기록이 연보에만 남아 있다. 웅화와 주고받은 여러 통의 편지와 1616년에 북경에 사신으로 갔던 기록인 「병진조천록丙辰朝天錄」에도 매화에 대한 언급은 없다. 그러나 『월사집』의 초간본이 파손되어 차제次第를 잡을 수 없을 정도였고 1720년에 중간본을 냈다고 하니 전란을 겪으면서 많은 원고가 일실되어 그 자세한 내력을 알 수 없게 된 것인지도 모른다.

그렇다면 웅화는 황제가 내려준 귀한 매화와 책을 왜 조선 문인 이정귀에게 주었을까? 바둑 내기에 졌기 때문이라고는 하나 귀한 물건을 준 이유는 따로 있을 것이다. 두 사람은 1609년에 처음 만났다. 명나라 문인 웅화는 사신으로 조선을 방문했는데 이때 이정귀가 명나라 사신을 접반하는 임무를 맡았다. 웅화는 이정귀의 시를 보고 "글자 하나하나에 당나라 시인의 넋이 깃들어 있다"고 감탄하였으며 열흘 동안 머물면서 매일 이정귀를 초청하고 편한 옷차림으로 대화를 나누었다. 작별할 때 애틋한 정을 이기지 못해 눈물을 흘리기까지 했다고 한다.

> 족하足下가 도성 문밖까지 와서 전별해 주었는데 증별贈別의 시편을 읽어 보니 마음이 서글퍼졌습니다. 그리고 가는 도중에 족하가 다시 편지를 보내 주었는데, 나를 생각하는 마음이 매우 은근하고 아끼는 마음이 매우 도타웠습니다. 이에 제가 족하를 보고 싶어 하는 마음은 주리고 목마른 자가 하루도 참고 기다릴 수 없는 것보다 더했으니, 다음 생애에나 다시 만나자는 약속은 감히 들을 수 없습니다.

이 편지는 웅화가 이정귀를 처음 만나고 헤어진 후에 보낸 것이다. 조선과 명나라의 문인이 만나는 것도 드문 일인데, 또 다시 만날 수 있는 기회가 없다고 생각한 것이다. 그래서 웅화는 이정귀와의 첫 만남이 유일한 만남일 것이라 생각하고 다음 생애에서나 만날 수 있다고 아쉬워했다. 첫 만남 이후 두 사람은 만나지는 못해도 편지를 주고받으며 소식을 전하고 마음을 나눴다.

그리고 1616년 겨울에 이정귀는 사신이 되어 서울을 출발해 1617년 1월에 북경에 도착했다. 이때 웅화는 도어사都御史가 되어 그 명성이 높았고 이정귀를 극진하게 영접했다. 자신의 집에 초대해 연회를 베풀면서 이정귀를 상석인 북쪽에 앉히고 자신은 남쪽에 앉으며 이렇게 말했다. "저는 오늘이 지나고 나면 얼굴을 다시 뵙기가 어려울 것입니다. 만약 족하足下의 친한 벗이 북경에 오시는 일이 있다면 마땅히 서로 만나 보기를 원빈元賓처럼 할 것입니다. 혹시 친하게 지내는 벗이 어떤 분입니까?"

웅화는 이제 다시 이정귀를 만날 수 없다고 생각하여 이정귀의 친한 벗이라도 온다면 이정귀를 직접 만난 것처럼 반갑게 대할 것이라고 하자 이정귀는 이렇게 말했다. "저의 벗들 중에는 진실로 군자君子다운 사람들이 많습니다만 그중에서 마음으로 서로 즐기는 것은 바로 이 술이니, 이것이 저의 벗 가운데 하나입니다. 달빛 아래 술을 마주하여 멀리서 이 못난 사람을 그리워하는 것도 한 가지 방법이 될 것입니다."

웅화는 이정귀의 재치있는 대답에 입에 침이 마르도록 칭찬하고 감탄을 했다고 한다. 두 사람의 국경을 넘는 교제는 당대 최고로 꼽혔다. 웅화는 청렴한 사람이라 이정귀가 선물을 전해도 종이와 붓 몇 가지만 받고 비싼 차나 인삼, 벽옥璧玉 같은 것들은 모두 사양했다. 그러면서도 자신은 황제의 선물을 아낌없이 이정귀에게 주었다.

이정귀와 웅화가 주고받은 편지는 〈천사天使 웅화의 서첩[天使熊化書帖]〉이라는 제목의 첩으로 만들었다. 송시열이 여기에 발문을 세 번이나 써주었다. 그 이유는 이 서첩을 잃어버렸다가 다시 찾았기 때문이다. 이정귀 집안에서는 이 첩을 소중하게 보관하다가 병자호란 때 잃어버렸다. 경술庚戌년 겨울에 문화文化에 사는 정생鄭生이 편지를 보내 첩을 돌려주겠다고 했다. 당장 찾으러 가고 싶었지만 상사喪事의 우환이 깊어 애만 태우고 직접 가지 못하다가 이우조李羽朝가 정생을 방문했을 때 그는 이미 2년 전에 세상을 떠났다. 정생의 아버지가 울면서 그 첩을 주며 얻게 된 내력을 말해주었다. 어떤 무인武人이 예전에 거사居士를 만나 이 첩을 보게 되었는데 글은 모르지만 귀한 것임을 알고 얻어왔고, 무인은 다시 글을 아는 정생에게 첩을 주었다는 것이다. 잃어버린 지 40년 만에 우여곡절을 겪으며 다시 이정귀 집안으로 돌아온 것을 기이한 일이라 하여 이정귀의 증손 이희조李喜朝, 1655~1724가 〈웅화 어사첩 뒤에 쓰다[書熊御史書帖後]〉에 자세히 밝혀 놓았다.

> 월사 이공이 중국에서 단엽홍매單葉紅梅를 가지고 와 사당 앞에 심었다. 이 종자가 나라 안에 두루 퍼져서, 사당의 나무가 이미 말라 죽었는데도 사람들은 단엽홍매를 보면 '월사매月沙梅'라고 불렀다.

『임하필기林下筆記』에서 이정귀가 중국에서 얻어온 이 매화를 '월사매月沙梅'라 부른다고 했다. 이정귀의 호 '월사月沙'를 따서 그렇게 부른 것인데, 나중에 홑겹의 홍매화만 보면 무조건 '월사매'라 불렀다는 것이다. 명나라 황제가 직접 감상하던 매화가 조선에 들어왔으니 그것만으로도 열광했겠지만, 조선에서도 하나뿐인 귀한 품종이니 월사매가 나라 전체에 두루 퍼지지 않을 수 없었을 것이다.

월사매는 만력 황제의 매화라고 해서 '만력매萬曆梅', 명나라에서 온 매화라고 하여 '대명매大明梅', 명나라의 홍매화를 강조하여 '대명홍大明紅', 명나라

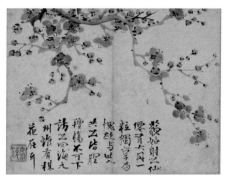

<조희룡의 홍매도>
ⓒ서울대학교 박물관

의 꽃이라고 하여 '대명화^{大明花}'라고도 불렸다. 조선 후기까지 월사매는 많은 문인들의 사랑을 받았다.

이름난 재상의 사당 앞 매화나무 한 그루	名相廟前一樹梅
백 년 동안 끝없이 붉은 꽃 피어나네	百年不盡點紅開
맑은 향기 동방에 가득한데	淸香遍滿東方在
특별한 품종 만 리에 전해 왔네	奇種猶傳萬里來
시인이 새로 시를 써 자주 노래하니	韻士新詩頻諷詠
산속 서재에 가까운 날 옮겨 심으리	山齋近日好移栽
남은 비단에 꽃의 역사 쓰고 싶으니	殘縑政欲題花史
다른 초목과 꽃은 감히 샘내지 말기를	凡卉芬芳莫敢猜

이유원의 이 시 제목은 〈산속 서재에 있는 단엽홍매는 월사 선생의 사

당 앞에 있던 품종이다. 기뻐 시 한 수를 읊다[山齋貯單葉紅梅 乃月沙先生廟前遺種也 喜吟一詩])이다. 월사매를 얻은 기쁨이 제목과 시에 잘 드러나 있다.

한장석韓章錫, 1832~1894은 〈서호의 새 거처에 손님이 와서 매화 아래에서 술을 마시다[西湖新居 客來對酌梅下]〉라는 시에서 월사매 아래에서 매화음梅花飮을 마련했다고 했다. 그리고 한해의 끝자락에 만력화萬曆花, 곧 월사매가 피었다고 했다. 이 시구에는 "이원필李元泌이 보내온 고매古梅는 만력萬曆 때부터 남겨진 종자인데 꽃이 활짝 피었다"라고 주석을 달아 오래된 매화가 한겨울에 꽃을 피운 것을 기뻐했다.

이원필李元泌은 이정귀의 후손 이헌재李獻宰, 1854~?로, 원필元泌은 그의 자字다. 한장석은 〈이원필의 만력매첩에 발문을 쓰다[李元泌萬曆梅帖跋]〉에서 이정귀가 웅화에게 바둑을 두어 얻어 온 매화를 자손들이 잘 가꾸어 10대代 동안 탈 없이 잘 키워 사대부가 시를 읊고 노래하며 전하기를 "명나라의 봄이 이씨 가문에 의탁해 있다"라고 하였다. 얼마 후 이헌재가 시골로 떠돌게 되자 매화 소식도 사라지고 말았다.

이헌재는 유명한 동산과 깊은 골짜기를 헤매면서 월사매를 찾아 다녔지만 찾지 못했다. 할 수 없이 월사매 찾기를 포기하고 옛날 살던 집으로 돌아왔다. 그러다가 우연히 허물어진 울타리의 우거진 잡목 속에서 월사매를 발견하여 잡초를 제거하고 물을 주고 보살폈더니 말라 죽어가던 나무가 다시 살아나 꽃을 피우고 향기를 풍겼다. 예전의 월사매 그대로였다. 이헌재와 동생 이교재李敎宰는 이 일에 감동하여 시문을 지어 그 감회를 기록하고 뜻을 같이하는 사람들이 화답해준 시문이 책 한 권이 되었다. 그 책이 『만력매첩萬曆梅帖』이고 한장석이 발문을 써서 그 내력을 자세히 밝혀 놓았다.

한장석이 말하기를, 우리나라의 매화를 품평할 때 두 종류를 최고로 꼽는데 하나는 꽃받침이 거꾸로 드리우고 꽃잎이 크고 기이한 향기가 있는 것으로 사명四溟대사가 일본에서 가져온 나부백羅浮白이고, 또 하나는 월사매라고 하였다. 그는 매화에 심취한 이헌재에게 나부백과 월사매 묘목을 얻어 키우다가 뿌리를 옮겨 심어서 더욱 무성하게 가꿔 돌아오는 겨울에 꽃이 피는 것을 보려고 했는데 벼슬살이에 매여서 매화를 위해 다시 1년을 머물지 못할까 걱정이라고 했다.

글을 완성하고서 내가 고향으로 돌아오니 전원이 심히 황폐해져 있었다. 오직 직접 심은 홍매 한 그루만이 키가 울타리를 두어 척尺을 넘긴 채 푸른 열매 백여 개를 주렁주렁 달고 있었다. 정원을 돌봐주는 사람이, "이번 봄에 비로소 꽃이 매우 무성했는데, 보시지 못해서 유감입니다"라고 하였다. 묘목 2개를 옮겨갈 계획을 하고 빈 터를 마련하고서 가을이 지난 후에 가지고 가려 했건만 갑자기 관북 자사關北刺史에 제수한다는 교서가 당도하니 속세의 인연이 아직 끊어지지 않아 끝내 내 계획이 크게 어그러지고 말았다.

한장석이 『만력매첩萬曆梅帖』의 발문을 다 쓰고 난 후 고향에 다시 돌아왔을 때 정원이 모두 망가져 있어도 월사매만은 잘 자라고 있었다. 그러나 매번 월사매의 꽃을 보지 못했다. 꽃이 피는 시절이 일년 중 짧은 기간인데 인연이 닿지 않으면 볼 수 없다. 매화야 어느 곳에서라도 볼 수 있겠지만 월사매의 꽃을 보기란 쉽지 않았다. 관직에서 물러나야 가능했을까?

적막한 단궁에 밝은 해가 기울고	寂寞壇宮白日斜
대명화를 볼 수 없어 슬퍼하네	傷心不見大明花

이 시는 한장석韓章錫의 〈금원에서 봄 구경을 하다[禁苑賞春]〉라는 다섯 수의 시 중에서 '대보단大報壇' 시의 한 구절이다. 이 시는 창덕궁의 다섯 군데 봄 풍경을 노래하면서 '대명화大明花'를 볼 수 없어 슬프다고 했다. 그리고 시의 밑에 '예전에 대명홍大明紅이 있었는데, 찾아가 보니 지금은 없어졌다'는 설명이 붙어 있다. 대명화는 대명매, 바로 월사매를 말한다.

이덕무李德懋도 "금중禁中 대보단大報壇 앞에 꽃이 있으니 대명홍大明紅이라고 부른다"라고 했다. 서형수徐瀅修도 "아홉 층계 높은 제단 성상 친히 제향하니 동산의 꽃은 외려 대명의 봄빛을 머금었네[九級壇高亨祀親 苑花猶帶大明春]"라는 구절에서 대보단에 '대명홍'이라는 이름의 꽃이 있다고 주석을 달아 놓았다. 1796년 3월에 정조가 대보단의 대향大享을 직접 행하면서 시를 지었는데 이때 서형수가 화답하였다.

대보단은 임진왜란 때 군대를 파병해준 명나라 신종神宗 등을 제사하기 위해 세워진 단으로, 숙종 30년(1705)에 세워졌다. 명나라에 대한 의리를 지키기 위해 청나라의 눈치를 보며 궁궐 깊은 곳에 지은 대보단. 그 안에 명나라 신종 황제의 매화를 심었다는 것은 너무도 당연해 보인다. 조선 선비들 사이에 월사매가 대명매, 대명홍, 만력매 등으로 불리며 오랫동안 관심을 받은 것도 이런 이유 때문이다.

대보단은 반청숭명反淸崇明의 상징이 되어 창덕궁 북쪽 깊은 곳에 있는데 지금은 비공개 장소라 일반인이 출입할 수 없다. 예전에 한중수교 15주년 기념 다큐를 제작하면서 대보단의 취재를 위해 창덕궁의 허락을 받고 들어간 적이 있었다. 정말 깊은 곳에 건물이 한 채 남아있었다. 허락 받은 시간이 길지 않아 급하게 촬영을 하고 월사매가 어디 있었을까 찾아봤지만, 뜨거운 여름날 정해진 시간 안에 매화나무를 찾지 못했다. 나무에 대한 정보가 부족해서 눈앞에서 보고도 몰랐을 수도 있다. 어쩌면 이른 봄이 되면 창덕궁 깊은 곳에서 외롭게 꽃을 피울지도 모르겠다.

광해군 때 들어온 월사매는 조선 후기까지도 유명해서 문인들 사이에서 널리 퍼졌으며 문인들의 글에도 자주 등장한다. 미수眉叟 허목許穆은 가뭄과 홍수 등의 기상이변으로 흉년이 들어 백성들이 굶주리며 죽어가는 모습을 보며 고통스러워할 때 윤선도尹善道의 사망 소식을 듣고 탄식했다. 그러다 풀숲에서 대명홍 몇 줄기가 피어나는 모습을 보며 옛일을 떠올린다고 하며 〈대명홍설大明紅說〉이라는 글을 남겼다.

대명홍은 우리나라에는 없던 꽃으로, 꽃은 붉고 꽃술은 자줏빛이며 줄기는 검고 잎은 작다. 키가 몇 척이 되는데 7월에 꽃이 핀다. 꽃잎은 다섯

개가 가지런히 나고 향기가 청량한 특이한 꽃이다. 이 꽃은 중국에서 나온 것으로 우리나라에 전해지면서 대명홍이라 한 것이다. 연경燕京이 무너지고 흑한黑漢이 천하를 호령한 지가 30년이 되었지만 사람들이 옛날을 잊지 못하는 것이 이와 같다.

중국 황제의 매화가 이정귀에 의해 동촌의 연화방에 심어졌지만, 이 꽃은 연화방을 넘어 궁에도 심어지고 전국에 퍼지더니, 연화방의 매화가 말라죽고 나서도 세월을 넘어 그 생명을 이어갔다.

연암 박지원의 손자 박규수朴珪壽는 거처하는 곳마다 대명홍을 많이 심었는데 그 꽃이 좋아서가 아니라 그 이름을 사랑하기 때문이라고 하였다. 박규수는 이정귀의 후손 집안과 혼인을 했기 때문에 아마 월사매를 얻었을 것이다. 신석우와 조면호, 신위와 이건창도 대명매를 사랑하여 자주 글을 지었다.

이건창은 〈매화梅花〉라는 글에서 월사매가 원래 한양 동촌에서 시작되었다고 하면서 신묘辛卯년 겨울에 반촌에 사는 김씨가 월사매를 주어서 새로 가지에 접붙여 화분에 옮겨 심었지만 꽃이 피지 않았다고 했다. 그리고 임진壬辰년 겨울에 서울집에 월사매가 피었지만 시골에 있었기 때문에 보지 못하고, 계사癸巳년 겨울에는 패주에 유배 가서 또 못보고, 갑오甲午년에 비로소 꽃이 피었지만 공적으로나 사적으로 비통해서 제대로 감상하지 못했다고 했다. 월사매의 꽃을 보지 못해 애태우며 지냈을 이건창의 모습이 떠오르니 덩달아 애가 탄다.

『승정원일기』고종 22년(1885) 3월 19일 기사를 보면 "상이 '명제銘題는 대명홍大明紅이고, 신시申時까지로 한정한다'라고 쓰도록 명하였다"라는 내용이 나온다. 생원과 진사 시험에 낸 과거 제목이 '대명홍'이었다.

허전許傳은 덕천의 남명선생 사당에 배알하고 모명재慕明齋에 방문했다. 서재의 이름 '모명'의 뜻을 물으니 주인이 뜰에 있는 나무를 가리키며 대명화라고 했다. 결국 명나라에 대한 의리의 뜻을 담았기 때문이다. 그런데 허전은 허목의 〈대명홍설〉에서 밝힌 대명홍과 모명재의 뜰에 있던 대명화가 그 크기며 색깔, 특징이 달랐다고 〈대명화기大明花記〉에서 밝혔다. 세월이 지나면서 홍매를 대명매라고 부르며 꽃보다는 대명의리에 의미를 두는 현상이 두드러졌다.

월사매가 있었던 연화방은 어디일까? 지하철 4호선 혜화역 4번 출구 앞에 잘 보이지는 않지만 '이정귀 집터'라는 표지가 있다. 원래 이 표지는 창경궁 문 앞에서 혜화역 가는 길 쪽에 세워져 있었는데 언젠가 이곳으로 옮겨졌다.

동촌의 연화방에서 가장 인기 있던 단엽홍매의 월사매는 조선과 명나라 문인의 애틋한 사귐에서 시작해 명나라가 망하고 나서 대명의리의 상징이 되어버렸다.

중국에서 조선으로 넘어와 수백 년의 세월을 지나 많은 문인들의 사랑을 받은 월사매는 지금 경기도 포천에 있는 월사 이정귀의 사당에서 자라고 있다고 한다.

왕이 사랑한 소나무,
어애송(御愛松)

흥덕동천이 흐르던 곳은 복개되어 지금 대학로가 되었다. 대학로 길을 걷다 보면 서울대학교 병원 앞에 있는 작은 표지석 하나가 눈에 띈다. 까만 표지석에는 '조선조 세조 때 북방 개척에 무공武功을 세워 이름을 떨쳤던 남이 장군 집터'라는 짧은 문구가 적혀 있다. 번화한 대학로 거리에 조선 초기 남이南怡, 1441~1468 장군이 살았던 집터는 흔적도 없고 집이 있었다는 사실만을 알려주고 있다.

남이南怡의 집 동부 ○○방에 있었는데, 사람이 감히 살지 못했기 때문에 드디어 없어져서 채소밭이 되었다. 뜰에 반송盤松이 있는데 비길 데 없이 커서, 32개의 기둥으로 떠 받쳤다. 애송愛松이라 부른다. 이 소나무는 바로 영종 정해년에 부사府使 조진세趙鎭世가 심은 것이라 한다.

조선의 핫플레이스, 동촌

『신증동국여지승람新增東國輿地勝覽』에 전하는 남이 장군 집터는 사람이 살지 못해 결국 채소밭이 되고 말았다고 한다. 남이의 할머니는 태종의 넷째 딸인 정선공주貞善公主다. 남이는 태종의 외손자이며 당대 권력의 실세였던 권람權擥, 1416~1465의 사위인데다 17세에 무과에 장원하여 세조의 지극한 총애를 입었으며 이시애李施愛와 건주위建州衛를 정벌할 때 선두에서 힘껏 싸워 1등 공으로 책정되었다. 세조가 벼슬 등급을 건너 뛰어 26세에 병조 판서로 임명하니 당시 세자였던 예종이 남이를 꺼렸다.

예종이 왕위에 오르자 하늘에 혜성이 나타났는데 남이가 대궐 안에서 숙직하다가 "혜성은 묵은 것을 제거하고 새로운 것을 펼치려는 현상이다"라는 말을 했다. 이때 유자광柳子光이 평소에 남이의 재능과 명성과 벼슬이 자기보다 높은 것을 시기했는데 이 말을 몰래 듣고 거짓말을 꾸며서 남이가 반역을 꾀한다고 모함하여 역적의 누명을 씌웠다. 이때 남이의 나이 28세였는데 참수형으로 세상을 떠나게 되었다.

남이는 억울하고 비극적인 죽음을 맞았기 때문인지 남이의 집터는 사람이 살지 못하여 채소밭이 되고 만 것인가? 남이는 어릴 때부터 귀신을 보는 능력이 있었다고 하여 죽어서 당신堂神이 되었다고도 하는데, 지금도 전국에 남이 장군 신당과 사당이 있다.

남이는 당시 권세가인 권람의 사위가 되었는데『연려실기술燃藜室記述』,『청야만집靑野謾輯』,『대동기문大東奇聞』,『대동야승大東野乘』 등에 그 내력이 전한다. 내용을 살펴보면, 남이가 젊었을 때 거리에서 놀고 있는데 어린 종이 보자기에 작은 상자를 싸 가지고 가는 것을 보았다. 보자기 위에는 분을 바른 여자 귀신이 앉아 있었다. 남이는 이를 이상하게 여겨 그 종의 뒤를 따라갔다. 어린 종은 권람의 집으로 들어가고 잠시 후에 집 안에서 울음소리가 났다. 그 집의 딸이 갑자기 죽었다는 것이다. 남이가 허락을 받고 집 안으로 들어가 보니 분을 바른 귀신이 그 집 딸의 가슴에 올라타고 있는 것이었다. 귀신이 남이를 보더니 도망가자 딸이 깨어나고 남이가 나가면 딸이 다시 죽고 남이가 들어오면 다시 살아났다.

남이가 어린 종에게 상자에 무슨 물건이 있었냐고 물으니 홍시가 들어 있었는데 권람의 딸이 홍시를 먼저 먹고 숨이 막혀 쓰러진 것이라고 했다. 남이가 본대로 다 말해주고 약을 써서 그 딸을 살게 해 주자 권람이 점쟁이에게 점을 치니 남이는 반드시 죄를 입어 죽을 것이라고 했다. 그러나 권람의 딸도 명이 매우 짧고 자식도 없어 남이에게 시집을 가더라도 복은 다 누리고 화는 보지 못할 것이니 혼인을 시켜도 좋다고 했다. 이렇게 해서 남이는 권람의 사위가 되었다.

이 이야기는 남이가 어릴 때부터 귀신을 보는 능력을 가진 비범한 사람이라는 것을 말해준다. 남이가 여진족을 토벌하여 요동까지 진격했으며, 난을 토벌하여 공을 세웠지만 무고로 억울하게 세상을 떠난 것에 대해 사람들의 안타까운 마음이 이런 이야기를 만들어 냈을 것이다. 1818년에 남이의 후손인 당시 우의정 남공철南公轍이 주청하여 역모의 죄를 벗고 관직이 복구되었다.

남이 장군이 살던 집터는 폐허가 되고 사람이 살지 못했는데, 억울하게 죽은 남이 장군의 원한이 깊어 집터가 세다고 전해졌다. 아무도 살지 않아 폐허가 되었다가 순조 때까지도 채소밭으로 남아 있었다. 하루는 남이 집 터 옆에 사는 사람 꿈에 남이 장군이 나타나 억울함을 호소하자 그 사람이 남이 장군을 위해 원혼을 모시고 사당을 짓고 탑을 세워주었다고 한다.

남이 장군이 태어날 때 3년 동안이나 낙산에 풀이 나지 않았던 곳이 장군의 집터인데 집터 가운데 큰 바위를 중심으로 사당을 짓고 남이 장군을 모셨다고 한다. 인조 때의 문신 기재奇齋 박동량朴東亮이 지은 『기재잡기奇齋雜記』에도 "지금도 남이의 옛 집터가 남아 있는데 사람들이 감히 살지 못하고 채소밭이 되었다"라고 밝혔다.

그러다가 이 집터는 영조 정해년(1767)에 조진세가 소나무 한 그루를 심은 것으로 유명해졌다. 조진세가 그 집터에 살았던 것인지 소나무만 심은 것인지는 모르지만, 남이 장군의 집터에 살았던 사람으로는 박제가가 유명하다.

조선 후기 대표적인 실학자 박제가朴齊家, 1750~1805는 박지원, 이덕무 등과 함께 북학파로 활동했다. 청나라의 풍속과 제도를 시찰하고 돌아와 조선이 배워야 할 것과 개혁할 점을 제시하여 1778년에 『북학의北學議』를 간행하였다. 그는 서자로 태어나 신

〈남이 장군 집터〉

분의 갈등을 겪고 경제적인 어려움 속에서도 중국의 문인들과 교류한 조선 후기 대표적인 문인이다.

박제가는 11세 되던 1760년에 아버지 박평朴坪이 세상을 떠나자 남산 아래에서 어렵게 생활했다. "내가 11살 때인 경신년에 아버지가 돌아가신 뒤로 묵동으로 이사했다가 또 필동 집으로 옮기고 다시 묵동으로 갔다가 다시 또 필동 집으로 돌아가 5,6년 사이에 이리저리 떠돌아다녀 거의 쇠진했으니 나의 어린 시절은 다시 생각하기도 어려울 정도다"라고 말할 만큼 고생스러운 시절을 보냈다.

그러다가 동촌의 장경교長慶橋 앞으로 이사했는데, 장경교는 흥덕동천이 흐르는 곳에 있는 다리 중 하나로 위로는 응란교凝鸞橋가 있고 아래로는 신교新橋가 있다. 장경교의 길이는 34자 너비는 20자이며 정조가 즉위한 1776년 여름에 만들어졌고 장경교라는 이름도 정조가 지었다. 장경교를 줄여서 장교長橋라고도 하고 장생전 앞에 있던 다리라고 해서 장생전교長生殿橋라고도 불렀다. 장생전은 조선시대 왕실에서 쓰거나 대신에게 내려주기 위한 관곽棺槨을 만들거나 보관하던 곳이다.

박제가는 이사 간 집 앞에 있는 장경교를 보며 〈장경교〉라는 제목으로 17수의 시를 지었다. 이 시에는 짧은 서문이 있는데, 장경교의 위치와 주변의 모습을 설명해 놓았다. 장경교가 경모궁 앞에 있으며 정조가 즉위한 해에 장경교라는 이름을 내렸고 북쪽으로 성균관과 2리 떨어져 있어 가깝다고 했다. 혜화문을 통해 들어오는 사람과 물건은 모두 여기를 지나야 했으며 좌우에 있는 벽돌이 새끼줄 같았고 다리 아래 흐르는 물이 맑고 얕아서 빨래하는 사람이 없었다.

　나무를 지척咫尺의 거리에 따라 심어 척도로 삼았고 둑을 끼고 있는 집은 모두 가겟집이었는데 장경교는 성안의 돌다리 중에서 가장 아름다웠다. 다만 북경의 고량교高粱橋나 노구교蘆溝橋처럼 천록天祿과 벽사辟邪의 그림을 새기지 않은 것이 한스럽다고 했다. 천록과 벽사는 전설 속의 동물로 중국 한나라 때 돌에 새기던 대표적인 장식이다. 박제가는 가장 아름다운 다리 장경교에 이런 장식이 없었던 것을 안타까워한 것 같다. 이 서문의 마지막에는 박제가가 1년 전에 장경교 서쪽으로 10여 발자국 떨어진 곳에 이사했다고 밝히고 있다.

〈도성도 중의 장경교〉ⓒ서울대학교 규장각

〈장경교〉 시에서는 인평대군이 가무하던 곳이 강의 동쪽에 있고 이화정이 있던 곳은 한량들이 활쏘기를 하는 곳으로 변했다는 것과 신광한의 서재인 기재企齋의 홍천취벽紅泉翠壁 네 글자에 대한 이야기 등 동촌의 유명한 곳에 대한 설명도 풀어 놓았다.

앵두는 이미 다 지고 밤은 아직 남아있어	櫻桃過盡棗留殘
어애송 소리 멀리서도 쓸쓸하네	御愛松聲百步寒
술꾼들 대낮의 갈증을 해소하기 좋으라고	好爲酒人消午渴
검서관의 동산 안에 금단이 시원하다	撿書園裡冷金丹

마지막 구절의 주에서 박제가는 자신의 집에 능금나무 두 그루가 있었다고 기록해 놓은 것으로 보아 검서관의 동산은 박제가의 집이라고 볼 수 있다. 이 시를 지을 당시 박제가가 검서관을 하고 있었다는 것을 알 수 있는데, 1778년에 연행을 다녀오고 1779년에 정조가 규장각을 설치하고 규장각에서 일할 검서관을 선발할 때 박제가가 이덕무李德懋·유득공柳得恭·서이수徐理修와 함께 발탁되었다. 규장각의 검서관은 규장각에서 책을 베껴 쓰거나 책을 편찬하고 간행하는 일을 맡았다.

이 시 둘째 구에 어애송御愛松이 등장하는데 이것은 박제가 집에 있던 소나무를 말한다. 정조가 사도세자의 사당인 경모궁을 참배하고 의빈 성씨와의 사이에서 태어난 문효세자의 사당인 문희묘文禧廟를 살피려고 가다가 박제가의 집 앞을 지나게 되었는데 사방으로 가지를 뻗은 소나무를 보았다. 정조가 이 소나무를 좋아하여 초계문신들에게 시를 짓게 하였고 나중에 집에 돌아온 박제가는 초계문신들이 남긴 시에 자신도 차운하였다. 정조가 사랑한 소나무라고 하여 이 소나무를 어애송이라고 부르게 되었다.

박제가는 굴원屈原의 『초사楚辭』를 좋아해 자신의 호를 초정楚亭이라고 했는데, 정조가 자신의 집에 있던 소나무를 아끼며 시를 짓게 한 것에 감격하여 이때부터 정유貞蕤라는 호를 사용하였다. 정유는 추위를 이기며 항상 푸름을 유지하는 식물을 뜻하는 말로 소나무를 의미한다.

그대 보지 못했나	君不見
장경교 서쪽 어애송을	長慶橋西御愛松
오래된 터는 남이 장군 집이라 전하네	故址傳是南怡宮
소나무 심은 자 누구인가 하니 조강릉이고	種松者誰趙江陵
어느새 그 손주가 늙은이 되었구나	已見兒孫成老翁
비낀 가지 사방으로 뻗어 서로 당기는 듯하고	橫枝四出如相引
서른두 개 기둥이 다 받치지 못하네	三十二柱擎不盡

이 시는 〈진랭원의 어애송 노래[眞冷園御愛松歌]〉 중 일부다. 장경교 서쪽 박제가의 집에 있던 정조가 사랑한 소나무 어애송은 조진세가 심었는데 인조대에도 이미 나무가 크게 자라 가지가 사방으로 뻗어나가며 무게를 견디지 못해 32개의 기둥으로 받쳐 놓았다고 했다. 정조대에는 더 크게 자랐을 것이다. 박제가는 어애송의 가지가 빨리 자라 가지치기 할 일이

걱정이라며 기쁜 한탄을 한다.

박제가는 어애송이 나고 자란 이치는 짐작하기 어렵지만 뛰어난 그 모습을 정조가 사랑하여 아침마다 경모궁을 산책하다가 발걸음이 박제가의 집에 있는 소나무에까지 이르렀던 사실을 시에 담았다.

정조가 박제가 집에 있는 소나무만 사랑한 것은 아니다. 서자로 태어나 신분의 차별을 겪고 있던 박제가를 규장각 검서관으로 등용하고 중국 건륭황제의 팔순 잔치를 축하하기 위해 연행을 갔다 돌아온 박제가를 군기시정軍器寺正으로 승진시켰다. 그리고는 또 동지사를 따라 연행을 떠나도록 했는데, 그때 박제가의 딸이 혼례를 이틀 앞두고 있었다. 그러자 정조는 솜과 비단을 하사하여 박제가 딸의 혼례를 축하하였으나 박제가는 연행을 떠나느라 딸의 혼례식을 보지 못했다.

박제가의 친구인 남공철南公轍, 1760~1840도 〈진령원의 어애송 노래[眞泠園御愛松歌]〉를 지었다. 남공철은 장경교 주변 남이궁南怡宮에 소나무 심은 사람이 누군지 모른다고 했다. 우연인지 남공철은 남이 장군의 후손이다. 친구 박제가가 사는 곳이 선조 남이 장군이 살았던 집터라니. 남공철은 〈어애송가〉를 짓기 일 년 전에 박제가가 낙봉 아래 동촌으로 이사했으며 어애송의 모습이 위에는 학이 깃들고 아래에는 거북이가 엎드려 있는 듯하다고 표현했다. 그러면서 '6월에도 덥지 않은 진령원[六月不熱眞泠園]'이라고 했다. 진령원을 박제가의 시 원문에는 찰 냉冷자를 써서 진냉원眞冷園으로 써놓은 것으로 보면 진령원이 아닌 진랭원으로 보아야 하지 않을까 싶다. 박제가의 집 근처에 찬우물이 있었던 것과 관계가 있을까?

또 다른 박제가의 시에 "어애송의 소나무는 남이 장군이 살았다는 진 랭원 터였다"는 주가 달려 있는 것으로 보아 그 집터가 예전에 진랭원으 로 불렸던 것으로 보인다.

남공철이 박제가를 위해 어애송 시를 지어 주자 박제가도 〈금릉학사^金 ^{陵學士} 남공철이 나를 위해 어애송 장구^{長句} 한 편을 지어 보여주었는데 맑은 소리가 청아하여 송풍곡^{松風曲}에 못지않았다. 기뻐 절구^{絶句} 여덟 수를 짓는 다〉라는 제목의 시를 지었다.

불볕더위 어애송 시에 감사하며 길게 읍하니	炎天長揖謝蒼公
빼어난 그 빛깔이 좁은 집에 깊이 드리웠네	秀色偏深一畝宮
구불구불 뻗은 가지 몇 자인가 알려거든	欲識蟠拏眞幾尺
푸른 그늘 가운데로 와서 과녁 쏘아 보게	須來射的碧陰中

조선시대 문인들은 더운 여름이면 소나무 아래에서 술을 마시고 문학 을 논하는 벽송음^{碧松飮} 모임을 가졌다. 그래서 뜨거운 여름날 남공철이 정 조가 사랑한 소나무를 찬양하는 시를 때맞춰 보내준 것인지도 모른다. 어 애송의 나뭇가지를 받치기 위해 작은 기둥 큰 기둥을 차례대로 세워 보았 지만 워낙 구불구불 뻗은 나뭇가지를 32개의 기둥으로도 다 버틸 수 없 었다.

혹시나 누가 나무줄기를 엿가락처럼 늘인 것이 아닌가 의심할지 모르 겠지만 엿가락을 늘인들 어애송 나뭇가지처럼 길게 늘어질 수 없다고 했다. 나중에는 어애송의 나뭇가지가 창문과 기둥까지 침범하여 해마다 집으로 가지가 뻗어와 어쩔 줄을 모르겠다고 하소연을 하기도 했다. 물론 즐거운 탄식일 것이다. 정조에게 사랑받는 멋있는 소나무가 자꾸만 크게 뻗어나가는 것이 어찌 싫을 수 있을까.

박제가는 세상의 단풍과 버들이 때에 따라 색이 바뀌어도 자신은 혼자서 푸른 소나무와 마주하여 10년을 살았다고 했다. 크고 좋은 집이 가득한 동촌에 사람들의 눈길을 빼앗을 큰 나무가 없지는 않겠지만, 그 많은 나무들 중에서 박제가의 집에 있는 소나무가 정조의 눈길을 받았다며 동촌의 집에서 박제가는 두고두고 어애송의 풍경을 볼 것이라고 했다.

정조 19년(1795)에 제주도에 흉년이 들었다. 기녀 출신의 제주도 거상巨商 김만덕金萬德이 자신의 전 재산을 털어 제주도 백성들을 구휼하자 정조는 김만덕을 서울로 불러 금강산에 가고 싶다는 그녀의 소원을 들어주었다. 이때 박제가는 서울에서 김만덕을 만나 어애송의 푸르름을 즐기게 하지 못한 것을 안타까워하기도 했다. 어애송은 누구에게라도 보여주고 싶은 자랑거리였던 것이다.

일찍 아버지를 여의고 홀어머니 밑에서 가난에 시달리며 서얼의 차별을 견뎌야 했던 박제가는 자신을 알아주고 지극히 아꼈던 정조의 마음을 자신의 집에 있는 어애송을 통해서 오래오래 느끼고 싶었을 것이다. 그러나 1800년에 정조가 갑자기 승하하고 순조가 왕위에 오른 후 영조의 계비인 정순왕후定順王后가 수렴청정을 하면서 벽파僻派가 정권을 잡고 대립하고 있던 시파時派를 숙청하기 시작했다. 1801년에 신유사옥辛酉邪獄이 일어나면서 천주교도들과 남인에 대한 대대적인 탄압이 시작되었고 신유사옥의 주모자 임시발任時發의 괘서 사건으로 인해 박제가는 함경도에서 2년 반 동안 유배 생활을 했다. 그러다 1805년 3월에 유배에서 풀려나 서울로 돌아왔다.

예전 내가 어렸을 때 성의 동쪽에 살았는데	昔我齠齓東城住
오늘 꽃을 보지만 눈이 안개 낀 듯 흐릿하네	今日看花眼如霧
옛날 마을 터는 평평한 밭이 되고	舊時墟落作平田
우물가 인가에는 오래된 나무도 없네	井上人家非古樹
인평궁에서 어른 모시던 일 생각하고	憶陪長老麟坪宮
꽃 꺾어 돌아오니 산에 해가 지네	折花歸來山日暮
서로 바라보이는 곳이 십리인데	相望之地十里遠
자주 돌아갈 길 잃고 소리 내어 울었네	往往嗁呼失歸路
지나간 40년이 참으로 잠깐이라	行年四十眞須臾
흘러가는 것은 멈춤 없고 새것은 낡았구나	逝者無停新者故

다시 서울 동촌으로 돌아온 박제가는 인평대군이 있던 석양루夕陽樓에 가서 옛날을 생각하며 감회에 젖어 이 시를 지었다. 옛날과 달리 지금은 눈도 흐릿해지고 마을도 많이 변했다. 석양루에서의 아름다운 기억을 떠올리니 그저 서글프고 지나간 40년이 눈 깜짝할 사이였다. 뒤에 이어지는 내용을 보면 동네에서 아이들이 장난치며 노는 모습과 50대의 늙은 박제

가의 신세를 대비하며 지는 해의 볕이 이제 겨우 한 필匹 남짓 남았다면서 현재 자신의 처지를 떠올렸다.

52세의 나이에 함경도로 유배를 갔다가 54세가 되어 서울로 돌아왔지 만 지는 해의 볕이 한 필 정도 남은 것처럼 박제가는 그 이듬해에 세상을 떠났다. 서얼 출신으로 큰 벼슬에는 오르지 못했지만 시서화에 두루 뛰어 났으며 네 번이나 중국에 연행을 하며 선진 문물을 받아들여 조선의 발전 을 꿈꾸었던 박제가.

그에게 동촌은 자신의 꿈을 펼칠 수 있도록 아끼고 도와주었던 정조의 지극한 사랑이 가득한 곳이었다. 갑작스런 정조의 죽음과 함께 박제가의 꿈도 무너졌지만, 박제가는 함경도에서 유배 생활을 하면서도 끝없이 정 조에 대한 그리움과 충성을 표현했다. 늙고 지친 몸으로 다시 돌아온 동촌 에는 옛날의 아름다운 기억과 정조가 사랑했던 소나무 어애송이 여전히 남아 있어 박제가에게는 더없이 좋은 곳이지 않았을까.

이유원李裕元의 『임하필기林下筆記』에 실린 〈어림송御臨松〉이라는 글에서는 박제가의 집에 대해 이렇게 설명하였다.

박제가朴齊家의 옛집은 경모궁景慕宮 담 모퉁이에 있었는데, 그 집의 반송盤松 한 그루는 가지가 굽어 똬리를 틀고 울창하였다. 정묘正廟가 일찍이 그곳 에 가서 구경하며 좋아하였는데, 그 집에서 잘못하여 가지 하나를 훼손하 자 그의 자식을 처벌하라는 명을 내렸다. 그래서 세상에서 이를 '어림송' 이라고 하였다. 경신년 뒤로 자주 주인이 바뀌었고 가지를 잘라 땔감으로

쓰기도 하였다. 내가 어렸을 때까지는 그래도 볼만하였는데, 근래에는 가지가 다 잘린 고목 등걸이 되어 버렸으나 요행히도 말라 죽지는 않았다.

〈사직노송도〉 ⓒ고려대학교 박물관
이 그림은 정선이 사직단의 노송 가지를 기둥으로 받치고 있는 것을
그린 것이다. 동촌의 어애송은 사라졌지만, 32개의 기둥으로 소나무 가
지를 받친 것이 이와 같은 모양이었을 것이다.

어애송을 다른 말로 어림송御臨松이라고 불렀다는 것을 알 수 있다. 경신년은 1800년으로 정조가 세상을 떠나고 박제가가 유배를 간 이후 집주인이 여러 번 바뀌었나 보다. 박제가가 다시 서울에 돌아왔어도 어애송이 있는 그 집에서 살지는 못했던 모양이다. 정조와 박제가가 없으니 어애송도 수난을 당하고 있었던 것 같다.

지금 서울대학교 병원 앞에는 어애송의 흔적을 찾아보기 어렵다. 차도 바로 옆 인도에 작은 표지석만이 남아 남이 장군의 억울한 죽음과 정조에 대한 박제가의 충심, 그리고 박제가에 대한 정조의 총애를 떠올리게 한다.

조선의
핫플레이스
동東村촌

넘침을 경계한,
계일정(戒溢亭)

집이 반수泮水 서쪽에 있어서 시내와 계곡이 맑고 그윽하였다. 공公이 갈
건幅巾을 쓰고 명아주 지팡이를 짚고 계곡을 다니며 시를 읊었다. 손님이
오면 머물러 앉혀 조촐한 술자리를 마련하니 사람들이 바라보고 신선
같다고 하였다.

반수는 성균관 앞쪽으로 흐르는 개울이다. 성균관을 중심으로 동쪽과
서쪽에 나뉘어 흐르다가 한쪽으로 합쳐져서 청계천으로 흘러간다. 이 글
의 주인공은 반수가 흐르는 성균관 서쪽 집에서 소박한 갈건을 쓰고 명아
주로 만든 지팡이를 짚고 한가롭게 거닐며 시를 읊고 있다. 바쁘게 활동하
지 않는 것을 보면 나이가 많고 한가한 선비일 것이라고 짐작할 수 있다.
어쩌다 집에 손님이 찾아오면 소박한 안주와 술을 준비해 조촐하게 술자
리를 즐기니 사람들이 모두 이 모습을 보고 신선 같다고 했다. 성균관 근

처면 조선시대 성 안에 있는 중심가인데 이곳에 집을 짓고 이처럼 한가롭게 즐기고 있었다면 사람들이 신선이라고 생각할 만하다.

이 글은 『연려실기술燃藜室記述』〈세조조 고사본말世祖朝故事本末〉의 일부로, 이 글의 주인공은 조선 전기의 집현전 학사로 유명한 문인 이석형李石亨, 1415~1477이다. 그는 고려의 충신 포은 정몽주鄭夢周의 사위이며, 14년 동안 집현전에 재직하였고 세종부터 성종까지 6대의 임금을 37년 동안 보필했다. 뛰어난 학식과 문장으로 이름을 떨쳤고 정사에 오래 종사하여 최고의 벼슬에 올랐다. 그런데도 작은 오두막에 살았고 양식이 자주 떨어질 정도로 살림이 넉넉하지 않았으며 장례도 조촐히 치렀다.

이석형의 집은 서울 동촌의 연화방蓮花坊에 있었는데, 지금 서울대학교 병원 자리다. 이석형의 집 건너편에는 창경궁이 있고 위로는 성균관이 있다. 그는 성균관 안에 있는 벽송정碧松亭에 자주 가서 여유를 즐겼다. 벽송정은 명륜당 뒤 언덕의 소나무 숲에 있는 정자인데, 소나무가 만 그루나 있어 울창하고 아름다운 곳이라 성균관 유생들이 휴식을 취했다. 뛰어난 경치 때문에 성균관 유생이 아닌 일반 백성들도 많이 찾았고 특히 여름이면 솔숲 아래에서 더위를 식혔다. 이석형의 집 일대는 골짜기가 깊고 개울물이 맑아서 만년晩年의 이석형은 마을 노인들과 자주 산책을 다녔다고 한다.

이석형은 집 안에 있는 동산에 띠풀로 엮은 정자를 지어놓고 옆에는 네모난 연못을 파 놓았다. 이 연못은 성균관의 반수에서 발원하여 청계천으로 흘러가는 물을 이용한 것이라고 한다. 연못에는 연꽃을 심어 꽃이 피는 여름이면 연꽃 향기가 마을에 가득 퍼졌는데, 이석형의 집 바로 아래 연지蓮池가 있었으니 여름날 연꽃이 필 때면 연화방 전체가 연꽃 향기로 가득했을 것이다.

그는 이 연못 하류에 도랑을 파서 물이 나가는 구멍을 만들었다. 그 구멍을 돌로 막아두었다가 물이 가득 차면 돌을 치워서 물길을 열어주고, 물이 줄어들면 다시 막아서 물이 차도록 했다. 이렇게 항상 물이 넘치지도 줄어들지도 않게 연못의 수위를 일정하게 유지했다.

연못의 한결같은 물 높이는 사람들에게 진귀한 구경거리였다. 어느 날 친한 친구들이 함께 모여 거문고를 연주하고 바둑을 두면서 술을 즐기다가 흥에 취해 그만 연못의 돌을 열고 닫는 것을 잊어버렸다. 그랬더니 갑자기 연못에 물이 가득 차다 못해 흘러넘쳐서 사람들이 앉아 있는 자리에까지 스며들었다. 모두들 물을 피하느라 허둥지둥 정신이 없었다.

이때 이석형은 연못 옆의 정자 이름을 '계일정戒溢亭'이라고 정했다. 경계할 계戒 자와 넘칠 일溢 자를 써서 넘치는 것을 경계한다는 뜻으로 지은 것이다. 정자 옆 연못의 물이 넘치지 않도록 경계하기 위한 것인데, 그는 정자의 이름으로 자신의 몸가짐을 다스리고 자제들을 가르치려고 한 것이라고 밝혔다.

이석형은 왜 넘치는 것을 경계했을까? 그는 조선시대 최초로 과거시험에서 1년 동안 세 번이나 장원을 차지했다. 생원시와 진사시, 문과 초시에서 장원을 하며 세 번이나 장원의 영광을 누린 것이다. 이는 과거제도가 시행된 이후 처음 있었던 일이고 유일한 기록이라고 한다. 그래서 이석형을 삼장원三壯元이라고 불렀다.

세종 때 생원과 진사에 합격한 사람은 궁에 가서 왕에게 인사를 올려야 하는데, 궁으로 들어갈 때 생원과 진사의 장원이 각각 광화문 왼쪽과 오른쪽으로 들어가야 했다. 그런데 시간이 지나도록 양쪽 문으로 아무도 들어오지 않아 사정을 알아보니 양측에서 서로 장원을 앞세우기 위해 옥신각신하느라 아무도 들어가지 못하고 있는 것이었다. 양측의 장원이 이석형 한 사람이기 때문에 일어난 웃지 못할 상황이었다. 이 소식을 들은 세종은 왕만 다닐 수 있는 가운데 문을 열어 이석형을 들어오게 했다고 한다.

이익의 『성호사설星湖僿說』에 실린 〈삼장원사三壯元詞〉 서문에 "판서 이석형은 나이 열넷에 승보시陞補試에서 장원을 하여 명성이 자자하였다. 26세에 생원·진사시와 문과 초시, 다음 해 신유년(1441, 세종 23) 대과까지 세 차례의 시험에서 모두 장원을 하였다. 세조가 일찍이 내전에서 공에게 연회를 베풀었는데, 중전이 친히 어의御衣 한 벌을 가져와 하사하고 궁녀에게 명하여 〈삼장원사〉를 지어 노래하면서 술을 권하게 하였다. 이후로 매번 공을 불러 술을 마실 때마다 반드시 〈삼장원사〉를 노래하였다"라고 하였다.

〈삼장원사비〉

이 일화는 이석형의 『저헌집樗軒集』이나 후손 이정귀의 『월사집月沙集』 외에도 『연려실기술燃藜室記述』·『임하필기^{林下筆記}』·『해동악부^{海東樂府}』·『해동잡록^{海東雜錄}』 등에 소개되어 있을 정도로 유명하다. 이정귀는 명나라 문인에게 보내는 편지에서 자신의 집안을 소개할 때 대대로 학문을 가업으로 삼았으며 4대조 이석형이 과거에서 세 차례 장원하여 동국^{東國}에서 그 명성을 크게 떨쳤고 대대로 관작^{官爵}이 이어져 문헌이 갖추어진 집안이라 사람들이 삼장원가^{三壯元家}라 부른다고 하였다. 이석형의 삼장원은 그만큼 대단한 의미였다.

이석형은 특히 문장으로 이름을 날렸기에 그의 글이 방대하다고 알려졌다. 그러나 문집이 존재하지 않는다는 것을 안 성종이 국가사업으로 이석형의 글을 수집하여 『저헌집^{樗軒集}』을 간행하고 그를 연성부원군^{延城府院君}에 봉했다. 이후에도 이석형은 왕들의 넘치는 기대와 사랑을 받으며 천하의 복록을 마음껏 누릴 수 있었지만, 스스로 넘치는 것을 경계하며 자신의 몸가짐을 돌아보았고 계일 정신은 그의 후손에게 이어졌다. 그 덕분인지 연안 이씨 가문은 조선시대 최고의 명문가로 부상했다.

> *저헌^{樗軒} 이석형은 젊은 나이에 과거에 장원 급제하여 명성이 자자하였는데, 그의 유집^{遺集}을 읽어 보면 전혀 화려하게 꾸민 기색이 없으니 그가 순후한 군자임을 알 수 있다. 지금 그의 자손이 여러 대 동안 융성하고 현달하니 우리 동방의 제일 가문이라고 꼽을 만하다. 선대의 남은 음덕을 받은 것이니 어찌 까닭이 없겠는가. 늘 책상에 두고서 가끔씩 펼쳐 본다.*

정조의 문집 『홍재전서^{弘齋全書}』 〈일득록^{日得錄}〉에 실린 이석형에 관한 글이다. 정조는 이석형의 문집을 항상 책상에 두고 읽어볼 정도로 그의 글을 좋아했다. 그러면서 이석형의 집안을 조선 최고의 명문 갑족甲族이라고 평가했다. 연안 이씨 가문은 이석형 대에 크게 현달했다가 이정귀에 이르러 최고조에 이르렀고 이후 후손들이 모두 창달했으니 조선 최고의 명문 갑족으로 꼽을 만하다.

정조는 앞에 이석형의 명망과 덕이 있었고 뒤에 이정귀의 공로가 있었기 때문에 자손이 번창하고 가문이 빛났다고 하면서 3대가 문형文衡이었고 5인이 호당湖堂에 들었으며, 당내堂內의 형제가 나란히 과거에 급제한 이가 7인이었고, 세상에 문집을 남긴 이가 4인이었으며 과거에 급제한 사람의 수도 많아 대단한 명문이라고 하였다.

이석형은 자신의 문벌이 융성하고 녹봉과 지위가 높은 데다 왕의 신임까지 두터웠기에 특히 스스로 겸손하려고 노력했다. 그는 〈계일정기戒溢亭記〉에서 대개 문벌과 지위, 녹봉과 명성이 높고 재산이 풍족하여 다른 사람이 갖지 못한 것을 가지게 되면 그 힘을 믿고 교만해지지 않는 사람이 드물다고 했다. 그러니 자신도 혹시나 교만해지지 않을까 늘 염려하며 연못의 물을 보면서 스스로를 살피는 거울로 삼겠다고 다짐했다.

물결이 흐려지는 것은 인간의 욕심에 빠져서 얽매이기 때문이다. 사람은 물이 맑고 흐린 것은 잘 보지만, 물이 차고 넘치는 것은 소홀하게 보아 넘기기 쉽다.

마음을 맑게 하여 본체의 밝음을 얻으려고 하는 것은 배우기를 좋아하는 사람이 아니면 할 수 없다. 조금 삼가지 않으면 저절로 교만해지고 넘치게 되니 이는 사람마다 반드시 경계해야 할 것이다.

그는 물이 잔잔하여 맑아지면 몸이 고요해지고 성품도 맑아지며 감정이 한쪽으로 치우치지 않게 되고, 물이 흐려지면 인간의 욕심에 빠져 더러워지는 것이라고 했다. 물이 맑고 흐린 것은 사람이 쉽게 분별할 수 있지만 물이 가득 차서 넘치는 것은 사람이 소홀히 하기 쉬운 것이라고 했다.

〈계일정〉

그것이 단지 물에만 해당되는 것은 아닐 것이다. 스스로 조금이라도 삼가지 않는다면 자신도 모르게 교만해지고 욕심이 넘칠 테니 항상 조심하고 또 조심하며 넘치는 것을 경계해야 한다고 하였다. 그래서 정자 아래 연못에 물이 넘치지 않도록 경계하면서 자신의 마음을 다스리려 한 것이고, 그런 이유 때문에 연못 위에 정자를 만든 것이다.

이석형은 그의 절친한 친구 김수온金守溫, 1410~1481과 함께 연못을 바라보며 계일 정신을 논했고 그 내용을 김수온이 〈계일정기戒溢亭記〉에 담았다. 김수온은 이석형이 과거시험에서 삼장원을 하고 문장과 업적이 높아 당대의 이름난 신하로서 높은 지위에 올랐으면서도 스스로 부족한 사람인 것처럼 생각하고 행동하는 것은 바로 넘침을 깊이 경계하는 덕에서 얻은 것이라고 평가했다.

이석형은 물의 높이를 보며 스스로 넘치지 않도록 조심하며 살았다. 초심을 잃지 않는다는 말은 자주 하지만, 언제나 초심을 생각하며 스스로를 돌아보고 경계하기란 쉽지 않다. 그래서 이석형은 집안에 연못을 파고 그 물높이를 바라보며 항상 자신을 경계하려고 한 것이다.

세조는 〈삼장원사〉를 부르며 특히 이석형을 총애했다. 세조 2년(1456) 6월에 있었던 사육신死六臣의 단종 복위 운동에 이석형은 가담하지 않았지만 사육신인 성삼문과 박팽년 등과 친하다는 이유로 반대 세력이 그를 제거하고자 무함을 했다. 단종이 세조에게 선위禪位를 할 때 이석형은 부친상을 당하여 상중에 있었고 상을 마치자마자 바로 전라감사로 나가게 되어 단종 복위 운동을 알지 못하다가 익산益山에서 그 사건으로 인해 여러 사람이 죽었다는 소식을 듣고 벽 위에 시를 한 수 썼다.

우處 나라 때 이녀죽二女竹과　　　　　　　　　虞時二女竹

진秦 나라 때 대부송大夫松이로다　　　　　　　秦日大夫松

비록 그 슬픔과 영화로움의 차이는 있을망정　　縱有哀榮異

같은 절개는 대와 솔이 염량炎涼이야 있겠는가　寧爲冷熱容

이녀죽二女竹은 우 나라 때 순舜 임금이 남방으로 순행을 나갔다가 죽자, 순 임금의 비妃인 아황娥皇과 여영女英이 울다가 죽었는데, 그 눈물이 소상강瀟湘江 가의 대나무에 뿌려져서 점이 있는 대나무, 즉 반죽斑竹이 되었다고 하여 열녀의 상징으로 쓰인다. 대부송大夫松은 진시황秦始皇이 태산泰山에 놀러 갔다가 도중에 비를 만났을 때 다섯 소나무 밑에서 비를 피한 뒤 그 소나무에게 대부大夫라는 벼슬을 내리면서 붙은 이름이다.

그런데 이석형이 지은 이 시가 사육신을 이녀죽으로 비유하여 역적을 충신으로 찬양하고 세조의 치하를 진시황 같은 폭군에게 벼슬을 받은 대부송으로 비유하여 임금을 모역한 죄가 크다며 그는 역적이니 국문을 해야 한다는 주장이 나왔다. 그러나 세조는 "시인의 뜻이란 것이 어디 있는지 알지 못하니, 어찌 반드시 국문까지 하랴" 하며 이 일을 문제 삼지 않았다. 세조는 뛰어난 인재였던 이석형을 잃고 싶지 않았던 것이다.

높은 지위에 있었던 이석형은 〈호야가呼耶歌〉의 저자로도 유명하다. 나라의 건설 공사에 동원되어 고생하는 백성의 고통을 읊은 이 시는 백성들의 탄식을 '호야^{呼耶}'라고 표현하여 제목으로 삼았다. 굶주린 채 노동에 신음하는 백성들의 모습을 외면하지 않고 백성의 삶을 살피는 나라를 운영하기 위해 노력한 것이다.

연안 이씨 가문은 이석형 대에 명문가로 주목받았고 그의 후손 이정귀^{李廷龜}에 이르러서는 조선 최고의 명문가로 인정받았다. 또 이정귀와 그 아들, 손자는 삼대에 걸쳐 대제학을 역임하며 조선 최초로 삼대 대제학의 영예를 얻기도 했다. 이후로도 이 가문은 뛰어난 인재들이 나와 천복을 누렸지만 교만과 넘침이 없이 가문의 명예를 잘 이어갔다.

동촌에 살았던 송시열^{宋時烈}은 "고로^{故老}에게 전해 들은 말로 저헌공(이석형)의 집터에 백여 년이나 버려진 연못이 있었는데, 현령공(이정귀의 아버지) 때에 갑자기 연꽃 몇 송이가 피어났다. 이는 실로 공의 집안이 번창할

운을 보여주는 징조이니 참으로 헛된 말이 아니다"라고 했다. 송시열이 이정귀의 아들 이소한^{李昭漢}의 신도비명에 밝힌 내용인데 계일정의 연못은 후대에 가서 제대로 관리가 안 되었던 모양이다. 하긴 매번 연못의 구멍을 열고 닫는 일이 번거로워서 관리하기가 쉽지는 않

〈이석형 집터〉

앉을 것이다. 이석형 이후 이정귀 대에 가문이 최고로 번창하고 이정귀 후손이 조선 후기에 이르기까지 지극히 현달하였으니 계일정 연못의 연꽃이 후손에게 이석형의 계일 정신을 다시 깨닫게 해주고 후손이 그것을 잘 이어갔을 것이라고 생각할 수 있다.

조선시대의 연화방은 지금 서울대학교 병원이 있는 연건동에 해당한다. 서울대학교 치과 병원 앞에는 이석형의 집터라는 표지석이 남아있지만, 계일정은 사라지고 없다. 현재 경기도 용인 모현읍의 연안 이씨 종가 옆에 계일정이 있는데, 띠풀로 소박하게 엮은 오두막 대신 지붕에는 기와가 멋있게 올라가 있다. 연화방에 있던 계일정을 옮기면서 새롭게 지은 것이다.

이석형은 스스로 넘침을 경계하며 그 복을 후대에 나누어 준 것일까? 이석형이 세상을 떠나고 없어도 계일정은 남아서 연못의 물이 가득 찰 때마다 수위를 낮추면서 후손들에게 넘치지 않도록 경계하라는 가르침을 주었을 것이다. 동촌의 연화방에 있던 계일정은 사라지고 없지만, 은은하면서도 멀리 퍼지는 연꽃 향기 같은 계일 정신은 연안 이씨 가문에 이어지고 있다.

왕자들의 우애,
조양루(朝陽樓)와 석양루(夕陽樓)

낙산의 남쪽 끝자락 이화동에는 조선시대 최고로 아름다웠던 2층 누각 조양루朝陽樓와 석양루夕陽樓가 있었다. 지금은 흔적도 없이 사라지고 이름만 남아있지만 조선시대 왕자들이 따뜻하게 우애를 나누며 살았던 최고의 저택이었다.

인조에게는 아들이 세 명 있었는데, 첫째 왕자는 심양瀋陽에 9년간 인질로 있다가 돌아와 34세의 젊은 나이에 갑자기 세상을 떠난 비운의 왕자 소현세자昭顯世子이고, 둘째 왕자는 효종이 된 봉림대군鳳林大君, 1619~1659이며, 셋째 왕자가 인평대군麟坪大君 이요李㴭, 1622~1658다. 봉림대군과 인평대군은 우애가 좋아 동촌에 나란히 집을 짓고 살았는데, 봉림대군의 집인 하어의궁下於義宮, 즉 용흥궁龍興宮에는 동쪽을 바라보도록 지은 조양루가 있고, 건덕방建德坊 낙산 기슭에 있는 인평대군의 집은 대군방大君房인데, 그곳에는 서쪽을 바라보도록 지은 석양루가 있었다.

서쪽에 있는 집은 동쪽을 바라보니 아침에 떠오르는 햇빛을 받아 조양루라고 하고 동쪽에 있는 집은 서쪽을 바라보니 저녁에 지는 햇빛을 받아 석양루라고 한 것이다. 조양루와 석양루는 두 왕자가 살던 집 이름으로 통하기도 하지만, 엄밀하게 말하면 봉림대군 집 용흥궁 안에 있는 2층 누각이 조양루이고 인평대군 집 안에 있는 2층 누각이 석양루다. 두 누각이 워낙 유명하다 보니 두 왕자의 집을 대신하는 이름으로 불렸다.

낙산은 서울의 세도가들이 경치 좋은 곳에 집을 짓고 살던 곳으로 유명하다. 그중에서 왕자들이 사는 조양루와 석양루는 그 규모와 화려함이 대단했다고 한다. 봉림대군은 1633년에 집을 지었고 그로부터 8년 후인 1641년에 인평대군이 집을 지었다.

조선 중기의 4대 문장가 계곡谿谷 장유張維, 1587~1638는 〈봉림대군의 새 저택에 대한 상량문[鳳林大君新第上樑文]〉에서 왕자가 집을 지을 때의 도리를 썼다. 그 내용을 보면, 백성들은 오두막집을 짓고 살고 있으니 위에 있는 사람들이 집을 지을 때 반드시 사치스럽지도 누추하지도 않게 적당히 해야 마땅하다고 했다. 봉림대군의 저택은 규모가 정도正道에 맞았고 비용을 절약하기 위해 갖가지 장식을 굳이 피했다고 한다.

그런데 봉림대군의 집은 규모가 크고 화려하며 사치스러웠다. 과연 장유가 말한 정도에 맞았을까? 봉림대군이 15세가 되면서 혼례를 치러야 하는데, 왕실의 신분에 걸맞은 훌륭한 저택을 마련해야 했다. 그래서 처음에는 화려하지 않지만 혼례식을 위해 나중에 손을 본 것이라고 한다. 석양루는 이후에도 왕실의 가례 공간으로 쓰였다.

조양루는 당시 서울에서 손꼽히던 고급 저택인데, 조양루보다 8년 뒤에 지어진 석양루는 정원이 더 크고 화려해 서울에서 최고로 꼽혔다. 또 석양루의 기와와 벽에는 조각을 하고 그림을 그렸을 정도로 호화로웠다고 하는데, 왜 동생 인평대군의 집이 형 봉림대군의 집보다 크고 화려했을까?

봉림대군은 왕자로 지내다가 나중에 왕으로 등극하여 궁에 들어갔다. 바로 효종^{孝宗}이 되었는데, 왕이 되어서도 의장과 시위 행렬을 갖추고 동생의 집에 자주 찾아갔다. 동생에 대한 사랑이 각별해서 동생의 집을 더 크고 화려하게 꾸밀 수 있도록 도와주었다고 한다.

골목은 다르나 집을 나란히 하였네	分巷連邸
누각은 꽃과 꽃받침처럼 사이좋게 대하여	樓對花萼
조양루 석양루 두 누각엔	朝夕二陽
편지가 번갈아 전해져	郵筒迭傳
형제간에 화합했지	簏宮塤箎

이 시는 정조가 지은 『홍재전서^{弘齋全書}』에 실린 〈인평대군 이요^{李㴭}의 묘소에 치제한 글〉의 일부다. 형과 동생이 동촌에서 서로 마주 보고 집을 지어 우애를 나누었다는 내용인데, 편지가 번갈아 전해졌다는 이야기도 나온다.

여기에서 편지를 번갈아 전했다는 것은 무슨 의미일까? 봉림대군과 인평대군은 조양루와 석양루 양쪽에 줄을 매달아 방울을 달고 편지를 주고

받았다. 이것을 '영삭鈴索'이라고 하는데, 우리말로는 '설렁줄'이다. 영삭은 당나라 때 한림원翰林院에서 밤에 숙직을 하다가 급하게 처리할 문서가 있을 때 방울을 매달아 연결한 줄을 말한다. 두 왕자는 조양루와 석양루의 창문에 줄을 이어 방울을 달고 편지를 묶어서 전달했다.

아침이면 멀리 조양루에서부터 편지를 매단 방울이 줄을 따라서 소리를 내며 석양루에 도착한다. 점심때가 되면 또 석양루에서 편지를 매단 방울이 소리를 내며 조양루 창문에 닿는다. 이렇게 거의 매일 조양루와 석양루에서 편지가 방울 소리를 내며 왔다 갔다 한 것이다. 그런데 그 방울을 매단 줄이 장애물 없이 잘 다닐 수 있었을까 의문이 들 수 있다. 집과 집 사이에 담장도 있을 것이고 그 사이에 건물도 있을 텐데 어떻게 편지가 줄을 따라 잘 전달이 됐을까?

조양루와 석양루는 일반 건물과 달리 2층으로 된 누각이었다. 조선시대에는 보기 드문 형태로 지어진 건물이다. 봉림대군의 집 용흥궁과 인평대군의 집 대군방에는 여러 건물이 있는데, 모두 1층 건물이지만 조양루와 석양루만 2층 건물이었기에 줄을 묶어 방울이 오고 갈 때 중간에 방해하는 건물이나 사람이 없었던 것이다.

과연 조양루와 석양루가 2층 건물이었는지 확인하고 싶다면 서울대학교 규장각이 소장한 〈인평대군방전도麟坪大君坊全圖〉를 보면 된다. 이 그림은 두 왕자의 집을 그린 작품으로 조양루와 석양루의 모습을 잘 보여준다.

이 그림을 자세히 보면 건물마다 이름이 쓰여있다. 그림을 통해 살펴보면 인평대군의 저택에는 석양루夕陽樓·유춘헌留春軒·영파정暎波亭이 있었고 집 뒤 동산에는 벽하정碧霞亭과 청의정淸漪亭의 옛 터와 옥청동玉淸洞이 있었다는 것을 알 수 있다.

효종의 저택에는 조양루朝陽樓·계경헌啓慶軒·낙선재樂善齋가 있었다. 낙선재는 조양루에 바로 붙어 있으며 담장 안에 그려져 있어 창덕궁의 낙선재와는 다른 것으로 보인다. 그리고 인평대군 저택 뒤 동산의 벽하정과 창의정도 정말 그 위치에 있었던 것인지 알 수 없다. 창의정은 창덕궁 후원에 있던 정자 이름이라 실제 석양루의 위치와는 많이 차이가 난다.

그림으로만 보면 두 왕자의 집이 마주 보고 있는 것처럼 보인다.『신증동국여지승람新增東國輿地勝覽』의 〈한성부〉에는 조양루와 석양루

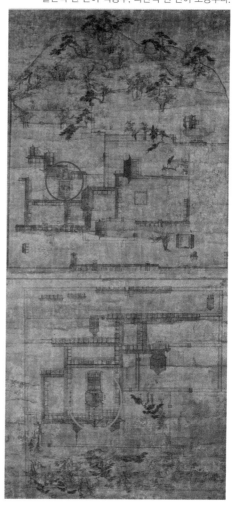

〈인평대군방전도 麟坪大君坊全圖〉ⓒ서울대학교 규장각
빨간색 원 안이 석양루, 파란색 원 안이 조양루다.

가 서로 마주 보도록 지어졌다고 했는데, 우애 좋은 형제로 유명한 두 집이 담을 맞대고 있다는 표현이 기록에 자주 등장한다. 〈인평대군방전도〉를 보아도 마치 담장을 마주한 것처럼 그려져 있다. 그래서인지 『승정원일기』 영조 6년(1730) 5월 30일의 기록에, 홍치중洪致中, 1667~1732이 "성상의 하교 중에 이해李垓의 집이 어의본궁於義本宮과 담을 맞대고 있다는 말씀이 있었습니다. 하지만 이는 담을 맞대고 있는 것이 아니라, 중간에 큰길이 하나 있어서 서로 마주 보고 있기 때문에 일찍이 조양루朝陽樓니 석양루夕陽樓니 하는 명칭이 있었습니다"라고 하자, 영조가 '담을 맞대고 있다[隔墻]'라는 두 글자를 '서로 마주 보고 있다[相望]'로 고치라고 명했다고 한다. 아마 그림을 그릴 때는 두 집이 주인공이라 붙여서 그린 듯하다.

여기에서 이해李垓, ?~1730는 인평대군의 증손자 여흥군驪興君 이해를 말한다. 이때까지 이해가 석양루에서 인평대군의 제사를 지냈다고 한다.

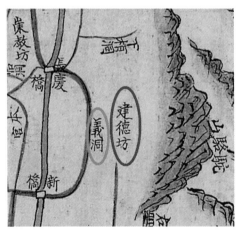

〈건덕방과 의동_조선성시도〉
ⓒ서울 역사아카이브
빨간색이 건덕방이고
파란색이 의동이다.

다른 여러 지도를 보면 석양루가 있던 대군방은 낙산 아래 지금의 이화장 밑에 있는 이화동 주민센터 자리라고 하고 조양루가 있던 용흥궁 자리는 어의본궁이라고 해서 흥덕동천의 신교新橋 건너편이다. 거리상 상당히 떨어져 있어 과연 영삭이 이어질 수 있었을까 의문이 든다. 〈조선성시도〉에 보면 낙산 아래 석양루가 있었던 건덕방과 조양루가 있었던 의동이 붙어 있다. 지도마다 위치가 조금씩 차이가 있으니 조양루가 있었던 자리를 다시 한번 확인할 필요가 있다.

두 왕자가 영삭으로 편지를 주고받았던 이야기는 영조의 관심도 끌었다. 『승정원일기』1751년 10월 9일 기사에 따르면, 영조가 인평대군의 후손인 이진익李鎭翼에게 이 이야기를 묻자 이진익은 두 왕자가 각각의 누각에 영삭을 매달아 수시로 편지를 주고받으며 먹고 자는 것을 서로 물었고 누각에 올라가면 서로 바라볼 수 있었다고 대답했다.

영조가 석양루 현판이 있냐고 묻자 이진익은 누각의 이름은 석양루지만 현판에는 공북루拱北樓라고 써 있었다고 대답했다. 영조가 왜 석양루라고 현판을 걸지 않았느냐고 묻자 이진익은 석양이라는 뜻이 누각의 이름으로 좋지 않은 것 같아 고친 것이라고 했다. 공북루의 뜻이 북쪽을 향해 두 손을 맞잡고 예를 차리는 누각이라는 의미니 왕이 있는 북쪽을 향해 효종에 대한 충성을 표현한 것이다.

1649년에 봉림대군이 효종이 된 후에는 조양루와 석양루 사이를 부지런히 오가던 방울 소리도 멈췄을 것이다. 왕이 되어서도 인평대군을 그리워한 효종은 왕이 된 즐거움조차 느낄 수 없다고 고백했다.

아아! 천심天心이 화禍를 뉘우쳐 소현세자가 행차를 돌릴 때에 우리들도 함께 돌아왔다. 동쪽과 서쪽에 있는 집의 두 누각이 서로 마주하여 우뚝이 빛났기에 평생의 지극한 즐거움을 이루리라 생각하였다. 그런데 소현세자가 세상을 떠날 줄을 어찌 생각이나 했으랴? 나는 또한 외람되게도 세자에 선발되어 갑자기 춘궁春宮에 들어오게 되었다. 꽃 피는 아침이나 달 뜨는 저녁이면 서로 만나 손을 맞잡고 형제간에 화목하게 오르내리던 즐거움을 누렸건만 모두가 헛된 일이 되었다. 네가 항상 탄식하며 말하기를, "세상에 조물주가 시기하는 것이 어찌 이처럼 심하단 말입니까? 형제간의 정이 비록 중하나 왕실의 예법이 엄격하니 어찌 옛날의 즐거움을 누릴 수 있겠습니까?"라고 하였다. 나도 문득 근심스레 기뻐하지 않으며 말하기를 "너는 모름지기 이런 말을 해서는 안 된다. 나는 임금이 되어 즐거움이 없다"라고 하였다.

이 글은 효종이 인평대군에게 지어준 제문祭文의 일부다. 왕이 되는 기쁨보다 형제와 헤어지게 되는 슬픔이 더 컸던 효종. 인평대군이 사는 석양루와 효종의 궁궐은 멀지 않은 곳에 있지만 형제가 아닌 왕과 왕실 종친의 사이로 관계가 변하여 예전처럼 매일 편지를 주고받으며 영삭의 방울 소리를 듣는 즐거움을 함께하지 못하게 되었다. 그것이 무엇보다 아쉬워 효종은 왕이 되어 기쁘지 않다고 한 것이다.

효종은 영삭이 아니어도 인평대군에게 편지와 시를 보내며 소식을 나누고, 또 자주 방문하였다. 조선시대 역대 임금들이 저술한 시문을 모아놓은 『열성어제列聖御製』 효종 편에는 효종의 시가 모두 86편인데 그중에 인평 대군에게 보낸 것이 44편에 해당한다. 봄이 오면 꽃이 피었다고 보내고, 여름이면 더위에 고생할까 걱정하며, 인평대군이 유람을 떠나면 잘 즐기 고 오라고 소식을 전했다. 그중에는 인평대군이 보낸 시에 차운한 것도 상 당수다. 누가 먼저랄 것 없이 왕자 시절 영삭으로 마음을 나누던 그때처럼 시와 편지를 주고받았다.

남쪽 고을에서 만금의 황감을 바쳤는데	南州來貢萬金黃
과즙이 이에 감돌고 향기가 코를 찌르네	繞齒瓊漿噴鼻香
문득 생각하니 아우에게 반을 나누어주면	忽憶吾弟分一半
동방洞房에서 아내와 함께 맛을 보리	洞房應與細君嘗

제주도에서 올라온 만금萬金에 해당할 만큼 귀한 감귤을 본 효종은 동생 과 밤새 술을 마시고 싶어 하며 동생 인평대군을 생각했다. 이 시는 효종 이 지은 〈인평대군에게 황감을 하사하고 겸하여 절구 두 수를 주다[賜黃 柑麟坪大君 兼賜二絶]〉의 일부다. 감귤의 시원한 과즙과 향기로움을 동생 과 나누고 싶어 진상 받은 감귤 절반을 동생에게 보내면서 마음을 담은 시 두 편도 함께 지었다.

효종은 "세상에 누구나 부모 형제가 있겠지만 우리 형제처럼 우애 있는 이가 있을까?"라며 형제의 우애가 깊은 이유를 어려서부터 나이 차이가 많이 나지 않았고, 성격도 온화하고 순하여 친구처럼 함께 놀았으며, 우애와 공손의 의리를 겸비하여 일반적인 규칙에서 벗어나 한 곳에서 잠을 자고 쉬면서 잠시라도 떨어진 적이 없었기 때문이라고 했다.

또한 병자호란 때 함께 강화도에서 어려움을 겪었고 청나라에 인질로 끌려가 고생도 함께 겪었기 때문일 것이다. 병자호란 이후 효종이 왕위에 있을 때 청나라와의 외교 관계가 무척이나 까다롭고 중요했는데, 인평대군이 청나라에 자주 연행을 가서 문제를 원만히 해결했다.

효종은 나라에 어려운 일이 있으면 인평대군이 청나라로 가서 일을 잘 처리한 것에 대해 인평대군이 일신의 이해를 돌보지 않고 북방 인사들을 충직과 관용으로 감동시켰기 때문에 가능한 일이라 말했다. 그래서 그들이 함부로 위협하거나 겁박하지 않은 것은 인평대군의 충성과 지극한 정성에 감동했기 때문이라고 했다.

일이 생길 때마다 인평대군을 사신으로 보내자 송시열은 1657년 8월 16일에 상소를 올려 인평대군을 사신으로 보내는 것의 부당함을 말했다. 감히 죽음을 무릅쓰고 간청을 한다고 시작하면서 인평대군이 궁중에서 성장하여 말타기를 배운 적도 없고 홍역도 치르지 않아 선왕이 염려했는데 인평대군을 보호할 책임이 효종에게 있음에도 불구하고 매번 사신의 임무를 맡기는 것은 승냥이와 호랑이 소굴에 보내는 거라며 걱정했다. 그러나 인평대군만큼 사신의 임무를 잘 처리할 사람이 없었기에 효종은 매번 인평대군을 보내야 했고 인평대군도 무조건 효종의 명을 받아 충성을 다했다.

효종 7년(1656) 여름에 인평대군이 처남 오정일吳挺一의 잔치에 참석하였는데, 승지 유도삼柳道三이 술에 취해 인평대군과 대화를 하다가 실수로 자신을 '신臣'이라고 칭하는 일이 있었다. 그러고 나서 얼마 지나지 않아 서변徐忭이 인평대군을 고발했다. 오직 왕에게만 신이라고 칭할 수 있는데 인평대군에게 자신을 신이라고 칭했으니 마치 인평대군을 왕으로 대접하는 것처럼 보인 것이다. 이는 인평대군이 반역죄를 뒤집어쓸 수 있는 일이었다.

그러나 효종은 서변의 말을 믿지 않았다. "내가 임금이 되어가지고 어찌 아우 하나를 보전하지 못하겠는가"라며 대사간을 체직하고 의금부에 엄중히 국문하라고 명하였는데, 호통을 치며 책상을 밀어내는 기세에 전각殿閣이 진동할 정도였다고 한다. 신하들은 모두 놀라고 두려워 아연실색하였다고 한다. 결국 서변은 국문 도중 사망하고 남은 관련자는 모두 유배를 갔다. 이외에도 인평대군이 몇 번이나 모함을 받았지만 효종이 감싸주었다. 그러나 애틋한 형제를 하늘이 가만두지 않았다. 갑자기 인평대군이 위독해진 것이다.

봄바람이 만물에 불어오고 봄볕이 따뜻한데 병중病中에 기거起居가 어떠한지 모르겠구나. 근래에 들으니 병을 오래 앓아 빨리 낫지 않는다고 하니, 염려되고 애타는 마음이 몹시 심하다. 그러나 국법國法에 얽매여 직접 가서 보지 못하니, 이 답답한 마음이 어떠하겠는가? 의술醫術이 좋으나 잘 조섭하는 것만 못하다. 더욱 몸조심하기 바란다.

효종은 인평대군의 병세가 나빠지자 항상 애태우며 걱정했다. 아픈 동생을 병문안 하고 싶지만 나라의 왕으로서 직접 가지도 못해 동생의 완쾌를 빌고 또 빌었다. 1658년 5월 13일에 효종은 인평대군의 병세가 특히 위독하다는 소식을 듣고 직접 찾아갔지만 효종이 도착하기 전에 인평대군은 37세의 젊은 나이로 세상을 떠나고 말았다. 동생의 마지막 모습을 보지도 못한 효종은 통곡하고 또 통곡했다.

효종은 왕이 아닌 가족의 예로 상喪에 임하여 혼자 상주가 머무는 방에 가서 해가 저물도록 환궁을 하지 않아 신하들이 효종의 환궁을 독촉했다. 그토록 우애가 두텁던 두 사람의 관계를 신하들이 모르는 바는 아니지만 임금이 행해야 하는 상례의 절도가 있기 때문이었다. 효종도 이를 알기에 결국 궁으로 돌아갔다.

다음날 인평대군의 관을 덮는 날이 되자 효종이 "한번 통곡으로 영결하고 싶다"라고 하자 신하들이 또 예법에 따라 불가하다고 했다. 효종은 비가 오는데도 인평대군의 초상에 직접 참여했다. "하나밖에 없는 아우가 이제 영원히 가버렸으니 나의 슬픈 마음이 어찌 끝이 있겠는가"라고 하며 눈물을 흘리자 신하들이 모두 울었다.

인평대군이 떠난 석양루는 어떻게 되었을까? 형에게 보내던 영삭이 그대로 남아 있었을까? 석양루는 건물이 화려한 것으로도 유명했지만 특히 정원이 아름답기로 이름이 높았다. 조선 후기의 문인 남공철南公轍이 쓴 〈석양루기夕陽樓記〉를 보면, 석양루의 정원에 백매화와 홍매화, 살구, 수선화를 비롯해 온갖 종류의 나무를 심었는데, 봄에는 꽃이 피고 가을이면 낙엽이

지며 온갖 나비와 잠자리, 청둥오리 등이 모였고 이런 모습은 사람의 눈과 마음을 어지럽힐 정도로 아름다웠다고 한다.

인평대군은 손님을 좋아해 당대의 사대부들을 모아 시를 쓰고 술을 권하느라 사람들의 발길이 끊이지 않았고 음악 소리가 매일 들렸다고 하니 동촌은 물론이고 서울 전체에서 가장 화려하고 멋진 공간이었다는 것을 짐작할 수 있다.

조선 후기 문인 유만주俞晚柱는 1784년 윤 3월 3일에 혼자 흥인문을 나서 성곽을 돌아 석양루를 찾아갔다. 대저택에 주인은 떠나고 없어 쇠락하였지만 영파정과 내외 별당, 팔괘정 터와 석양루는 온갖 봄꽃이 한창 피어 있었고 푸른 숲이 에워싸고 있었으며 석양루 난간의 그림도 여전히 남아 있었다. 정원을 두루 돌아보는데 집이 텅 비고 고요해 신선이 사는 것 같았다고 한다. 유만주는 3월 9일에도 석양루에 들를 정도로 자주 그곳을 찾았다. 서울 성안에서 그토록 아름다운 곳을 만나기 쉽지 않아서일까? 아니면 두 형제의 아름다운 이야기가 여전히 마음을 울리기 때문일까? 인평대군이 세상을 떠났다고 해서 후손이 없을 리도 없는데, 석양루는 왜 빈집이 되었을까? 석양루에는 귀신이 나타난다는 이야기도 돌았다.

인평대군은 평안도 성천의 기생 득옥得玉을 아껴서 구사비丘史婢로 삼았다. 구사비는 종친이나 공신에게 나라에서 특별히 하사한 관노비를 말한다. 득옥은 구사비가 되어 인평대군 사랑에 있는 물건과 보물 등을 관리했다. 인평대군은 잔치를 열 때마다 득옥을 옆에 두었는데 인평대군의 처남 오정창吳挺昌이 그녀를 좋아하였다. 오정창의 부인이 이 사실을 알고 질투하여 득옥이 황금을 훔쳤다고 인평대군의 부인에게 무고^{誣告}하였다. 인평대군의 부인은 득옥을 때려죽이고는 결박한 채로 정자 옆 연못에 던져 버렸다. 이때 인평대군은 북경으로 연행을 가고 없었다. 인평대군이 돌아와서 이 사실을 전해 듣고 연못의 물을 퍼내니 득옥의 시체가 나왔다.

이 일이 있은 후부터 인평대군은 시름시름 앓기 시작하고 집에는 득옥의 귀신이 자주 출몰했는데 그럴 때마다 인평대군의 아들과 딸이 죽어나갔다. 경신년(1860)에 득옥이 나타나 목 놓아 울고 나니 인평대군의 아들 복창군^{福昌君}과 복선군^{福善君}이 죽음을 당했다. 이렇게 억울하게 죽은 득옥의 귀신이 인평대군 집안에 복수한다는 이야기는 『대동기문^{大東奇聞}』을 비롯한 여러 기록에 전해진다. 『성호사설』에도 자손들이 다 반역죄로 옥사했고, 다만 손자 한 사람이 벙어리에다 귀가 먹는 천형^{天刑}을 받았기에 죽음을 면하고 제사를 받들어 대가 끊기지 않았다고 기록해 놓았다. 인평대군이 세상을 떠난 이후로 석양루는 변고를 만나 호조에 적몰될 뻔하기도 했으며, 누각은 점점 퇴락해 정원의 꽃과 나무가 땔감으로 잘려 나가기도 했고, 거지와 가축들이 떼를 지어 들어와 폐가가 될 지경에 이르기도 했다. 백여 년이 지나 안흥군^{安興君} 이숙^{李㷤}이 집을 수리하여 살면서 후손에게 전해졌고, 나중에는 왕실의 관을 제조하고 보관하는 기관인 장생전^{長生殿}이 되었다. 지금은 석양루의 흔적을 찾을 수 없고 조양루의 위치도 정확히 알 수 없지만, 왕자들의 아름다운 우애는 세월을 넘어 전해지고 있다.

임진년 난리에도 소나무 푸른, 송월헌(宋月軒)

쌍호옹이 성문 밖을 나서지 않은 것을 오래전부터 알아	久識湖翁不出城
봄놀이하기 위해 바로 달려가 사립문을 두드렸네	尋春直走叩柴荊
꽃 때문에 심란한 마음을 곁의 사람 누가 알까	傍人誰識被花惱
약초 캐러 갔다고 동자가 여러 번 말하네	童子重言採藥行
담장 밖에는 바람에 날리는 꽃잎이 가득하고	院外風飄花萬點
두레박줄 끊어진 우물은 깊고도 맑구나	甕頭綆斷井深清
무슨 일로 머뭇거리며 돌아가기 잊었는가	徘徊何事忘歸去
땅에 가득한 솔 그림자 정이 있는 듯하네	滿地松陰似有情

쌍호^{雙湖}옹이 성 밖을 나가지 않은 것을 알고 봄놀이 가자고 그 집에 방문했지만 동자가 쌍호옹은 약초를 캐러 갔다고 말한다. "소나무 아래에서 동자에게 물으니 스승님은 약초 캐러 나갔다[松下問童子 言師採藥去]"

는 당나라 시인 가도^{賈島}의 〈은자를 찾았으나 만나지 못하고[尋隱者不遇]〉의 시구절을 인용하며 쌍호옹을 만나지 못한 아쉬움을 나타낸다. 주인 없는 집에 들어가지 못하고 담장 밖을 서성이는데, 담장 밖에는 바람에 흩날리는 꽃잎이 가득하고 우물은 여전히 깊고 맑다. 집주인을 만나고 싶은 마음에 쉽게 발길을 돌리지 못하는데 땅에는 그 집의 소나무 그림자가 가득하다.

이 시는 조선 중기의 문인 윤두수^{尹斗壽, 533~1601}가 쓴 〈거듭 남익위^{南翊衛}를 방문했으나 만나지 못하다[仍訪南翊衛不遇]〉이며, 남익위는 쌍호^{雙湖} 남상문^{南尙文, 1520~1602}이다. 윤두수는 남상문을 숨어사는 사람으로 비유했는데, 남상문이 집 밖에 잘 나가지 않았으며 욕심없이 글만 읽고 도를 닦는 신선 같았기 때문이라고 했다. 남상문의 집에 있는 우물과 소나무가 유명하여 이 시에서도 우물과 소나무를 읊었다.

남상문의 집은 동촌의 낙산 아래 유촌^{柳村} 신교^{新橋}의 서쪽인 어의동^{於義洞}에 있었는데 이 집 우물의 물맛이 서울 성 안에서는 가장 좋았다고 한다. 성종 때에는 그 우물을 봉^封하여 날마다 그 물을 길어다가 임금에게 진상했기 때문에 임금의 우물인 어정^{御井}이라고 불리다가 나중에 성종이 사위인 의성위^{宜城尉} 남치원^{南致元}에게 하사하여 임금이 하사한 우물이라는 뜻의 사정^{賜井}이라고 불렸다.

성종이 직접 글씨까지 써주어, 우물의 돌벽 위에는 '사정' 두 글자와 그 옆에는 홍치계축^{弘治癸丑}을 새겨 넣었다고 한다. 이수광은 이 우물을 직접 보았을 때 '사정'이라는 글자가 남아있었다고 『지봉유설^{芝峯類說}』에 기록해 놓았다. 이 우물의 물맛은 유독 차고 감미로워 임금은 물론이고 명나라 관리까지 와서 맛볼 정도였다.

남치원은 남상문의 할아버지로 성종의 넷째 딸 경순옹주慶順翁主에게 장가들어 의성위宜城尉에 봉해졌기 때문에 나중에 이 우물을 '의성위정宜城尉井'이라고도 불렀다는 내용이 『신증동국여지승람』에도 나온다. 그러니까 이 우물은 어정, 사정, 의성위정이라는 세 개의 이름을 가졌던 것이다.

남치원은 성종에게 우물과 함께 저택도 하사받았는데 연못과 정원, 아름다운 나무가 어우러져 자연 풍경이 매우 뛰어났으며, 넓고 화려한 정자는 서울에서 제일이었다고 한다. 남치원이 우물 옆에 소나무 한 그루를 심어 놓았는데, 해가 지날수록 소나무가 높이 솟아 구부러진 모습이 마치 용이 엎드린 것 같았다고 한다.

그러나 이 아름다운 집은 오래 소유할 수 없었다. 연산군이 즉위 10년에 매부인 남치원의 집을 징발해서 함방원含芳院으로 만든 뒤 흥청興淸과 광대들을 나누어 살게 했기 때문이다.

나중에 남치원의 아름다운 집에는 다시 후손들이 살게 되었으며, 남치원의 손자 남상문이 정원을 잘 가꾸었다. 달이 밝게 비치는 날이면 소나무 그림자가 뜰에 가득했는데, 이 모습을 본 남상문은 매우 기뻐하며 정자의 이름을 송월헌松月軒이라고 지었다.

중국의 경리經理인 양호楊鎬가 어느 날 낙산駱山을 유람하다가 남상문南尙文의 아름다운 정원을 방문하여 정원에서 노닐게 되었다. 그러다 정원의 소

나무 아래에 수염과 눈썹이 온통 하얀 데다 모습이 맑고 고아한 어른이 서 있는 것을 보고는 깜짝 놀라 자리에서 일어나 절을 하고 상석上席에 모시고 말하기를 "먼 외방外方에 이러한 위인偉人이 계실 줄은 몰랐습니다"라고 하며, 대문에 '나이와 덕이 모두 높으니, 달존의 집이로다[齒德俱優達尊之閭]'라고 썼다.

정유재란 때 중국 명나라에서 온 최고 지휘관 경리經理 양호가 낙산을 유람하다가 낙산의 아름다운 정원을 방문했다. 정원도 아름답지만 그 집에 있던 어떤 노인의 모습을 보고는 위인이라고 말하며 직접 대문에 글을 써주고 간 것이다. 이 집의 주인이 바로 남상문이다. 양호가 글을 써준 이후부터 양호의 글씨를 보려는 사람들이 많아졌으며 마을 사람들은 남상문의 집을 자랑스럽게 여기고 마을 이름을 남상문이라고 하여 남상문골이라 불리기도 했다.

명나라 경리 양호가 다녀간 후로 다른 명나라 관리들도 이 집을 자주 방문했다. 『조선왕조실록』 선조 33년(1600) 3월 19일의 기록을 보면 명나라 경리經理 만세덕萬世德이 성균관에서 문묘에 참배하고 기성군箕城君의 집과 남상문의 정원을 방문한 것을 알 수 있다.

기성군은 광평대군廣平大君 이여李璵의 6대손 이현李俔이다. 성품과 행동이 호방하며 유명한 정원을 두었는데 꽃나무며 대나무, 연못 등의 경관이 성안에서 으뜸이었다. 만세덕은 기성군의 집에 가서 화초花草를 구경하였는데, 술은 마시지 않고 즉시 나왔고 기성군의 집 건너편에도 우물물이 달고

찬 유명한 정원庭園이 있는데 명나라 경리 양호도 구경한 적이 있다는 말을 듣고는 그곳에 가서 우물물을 마셨다. 이후 명나라 군문軍門 형개邢玠도 방문했는데 만세덕과 형개는 이 우물의 물맛이 제일 좋다면서 사람을 시켜 날마다 길어다 마셨다고 한다.

남상문 집 우물 옆에 소나무가 있어 물이 소나무 뿌리에서 나오기 때문에 물맛이 담박하고 시원한 것이라고 하는데, 남상문은 밤중에 혼자 일어나 우물에 가서 물을 한 사발씩 떠 마시기도 하고 양치도 하면서 낭랑한 목소리로 굴원屈原의 〈이소경離騷經〉과 소동파의 〈적벽부赤壁賦〉를 읊조리다가 잠을 이루지 못하고 밤을 지새우기도 하였다.

임금이 내린 우물이니 귀하기도 하겠지만 물맛이 좋아 그 물을 마시면 정신이 맑아져 잠이 오지 않았나 보다. 특히 아름다운 정원에서 달빛을 받으며 좋은 문장을 읊조릴 수 있으니 잠을 이루지 못할 만도 하다.

그렇게 아끼고 사랑하던 정자 송월헌은 1558년에 불이 나서 재가 돼버렸다. 남상문은 할아버지와 아버지가 전해준 정자를 온전하게 지키지 못했다며 자력으로 복구하겠다고 결심하고 의복과 귀중품을 팔아 목재와 기와를 사서 다시 지었다. 정자를 짓고 단청까지 입혀놓으니 감탄하지 않는 사람이 없을 정도였다고 한다.

그러나 임진왜란이 일어나 서울을 떠났다가 다시 집에 돌아오니 담도 무너지고 기와도 깨져 쑥대밭이 되어버렸다. 그런데 폐허가 된 집터에 오직 우물가의 소나무만 푸르게 옛 모습을 간직하고 있었다. 남상문은 전쟁 중에도 죽지 않고 살았으니 집에 사치할 것도 없고 정자를 크게 만들 필요도 없다면서 능력이 미치는 한도에서 다시 짓겠다고 했다. 두어 칸 짜리 정자를 지어 송월헌松月軒이라고 편액을 했다. 정자를 무려 세 번이나 지은 셈이다. 윤근수尹根壽가 쓴 남상문에 대한 『만사挽詞』에서 그 내용을 확인할 수 있다.

훌륭한 정원의 승경을 독차지하니	獨擅名園勝
흥취 부친 것 다르다고 꺼려 하리오	寧嫌寄興偏
전부터 살던 집 화재를 겪고 난 뒤에	故居經火後
옛 자취 누운 소나무 앞에 남아 있었지	遺迹僵松前
중국의 인사들이 방문할 적마다	每枉天朝士
모두들 지상의 신선이라 경탄하였지	皆驚地上仙

임진년 난리에 성안의 유명하고 큰 집이 모두 불타고 피해를 입지 않은 정원과 나무가 없었지만 송월헌의 소나무와 우물만 온전하게 남아있는 것은 무슨 이유일까? 이산해李山海, 1539~1609는 〈송월헌기松月軒記〉에서 신이 도와준 것인지 아니면 남상문의 효성에 감동한 선조가 도와준 것인지 모르겠다고 했다. 그러면서 소나무나 우물이 언제까지 온전하게 남아있을 수 없고 또 남상문이 세상을 떠난 후 후손이 그것을 온전히 지킬 수도 없으니 소나무와 우물이 아닌 그 정신을 지켜야 한다고 했다.

소나무의 절개를 취하여 자신의 지조를 가다듬고 달의 밝음을 취하여 자신의 덕을 밝히며 물의 맑음을 취하여 자신의 성품을 맑게 한다면, 소나무가 마르더라도 자신의 절조는 마르지 않을 것이요 달이 이지러져도 자신의 밝음이 이지러지지 않을 것이며 우물이 폐기되어도 자신의 맑음은 폐기되지 않을 것이니 이를 자손에게 전해 주는 것이 오래도록 송월헌을 지키는 것이 아니겠냐는 이산해의 말에 남상문은 이 뜻을 받들겠다고 했다.

당시 사람들은 남상문을 그의 이름이나 관직으로 부르지 않고 어르신이라는 뜻으로 '장인丈人'이라고만 불렀는데, 이산해는 자신보다 나이가 20세가 많았기 때문에 장인이라고 불렀다고 했다. 그러나 이정귀는 그가 어르신으로 불린 이유를 다르게 설명하고 있다.

확호矍濩 남장枏丈은 한양의 동촌東村에 사는데, 사람들은 모두 남장이라고만 부르고 그 벼슬과 이름은 부르지 않는다. 향리에서 장인丈人과 벗하는 이들은 모두 늙어서 죽고 살아 있는 이들은 모두 후생後生들이다. 그래서 장인이 거의 집 밖으로 나가지 않기 때문에 사람들은 장인의 얼굴을 알지 못하고, 장인이 세상에 태어난 지가 오래되었기 때문에 사람들은 장인의 이름을 모른다. 그리하여 장인이 오건烏巾을 쓰고 죽장을 짚고서 솔 그늘 아래 서성이는 것을 보고 손으로 가리키며 존모尊慕하여 "사람됨이 저 어른 만하면 족하다" 하였다.

남상문이 장수하고 있어서 그와 나이가 비슷한 사람은 세상을 떠나고 남아 있지 않았다. 남상문이 집 밖에 나가지 않자 동촌 사람들은 점점 그

얼굴도 잊어버리게 되었다. 만날 일이 없으니 벼슬과 이름을 부를 일도 없어지고 그러다 보니 그저 어르신이라고 불렀다고 한다. 하지만 사실은 사람됨이 저 어른 정도만 되어도 족하다고 하여 동촌에서 훌륭한 어른의 기준이 되어 어르신이라고 불린 것이다.

그는 젊어서부터 기개가 남달라 과거 공부를 탐탁치 않게 여겼고 혼자 글 읽기를 좋아해서 경사經史를 두루 읽었으며 특히 두보杜甫와 소동파蘇東坡를 좋아했는데, 시를 쓸 때 꾸미는 것을 일삼지 않아 시가 맑고 자연스러웠다고 한다.

할아버지가 부마였고 집안에 원래 재산이 많았지만 동네의 가난한 사람들에게 재산을 다 나누어 주고는 혼자 글을 읽으며 마음을 맑게 한 남상문. 평생 선禪을 즐기고 도의道義를 좋아하였으며, 간사하거나 잘못된 행동을 한 적이 없어 그의 모습을 보면 신선을 보는 것 같은 착각을 할 정도였다고 한다.

이정귀는 남상문이 죽고 나서 그의 묘비명을 쓰는데, 거기에는 사연이 있다. 같은 동촌에 살았던 이정귀는 어릴 때부터 아버지를 모시고 남상문의 초대를 받아 송월헌에 갔는데, 그때마다 매번 남상문이 이정귀를 칭찬했다. 이정귀의 아버지가 임진왜란 때 먼저 세상을 떠나자 남상문은 이정귀의 아버지를 생각하며 유독 이정귀를 귀여워하고 자주 불러서 술잔을 권하며 정을 나누었다.

1601년에 명나라에서 황태자를 책봉하고 조선에 사신을 보내는데 당시 문형文衡을 잡고 있던 이정귀가 명나라 사신을 영접하기 위해 의주로 떠났다. 그러나 1602년에 중병에 걸려 세 번이나 사직소를 내고서야 겨우 서울로 돌아올 수 있었다. 이정귀가 집으로 돌아오니 남상문이 보낸 편지가 집에 와 있었다. "술 한 병을 준비해 두고 자네를 기다리네"라는 내용이었지만, 병이 들어 움직이지 못할 때라 즉시 송월헌에 가지 못했다.

그리고 얼마 뒤 남상문의 부고가 도착했다. 1602년 3월 13일에 정원에서 꽃을 보다가 중당中堂에 돌아와서는 집안사람들에게 "오늘은 내가 피곤하구나"라고 하더니 83세의 나이로 영원히 눈을 감았다고 한다.

남상문의 부고를 받은 이정귀는 깜짝 놀라 그의 집으로 달려가니 그의 부인이 여종을 시켜 술병을 주면서 "그대에게 주려고 기다렸던 것이오"라고 말했다. 남상문이 마지막으로 술 한 잔을 하고 싶었던 사람이 이정귀였던 것이다. 이정귀는 술병을 받아 들고 통곡을 했다. 그리고 묘지명을 써 달라는 부탁을 받고 글을 써주었다.

부유하지 않아도 가득하고	匪富而盈
존귀하지 않아도 영화로웠어라	匪貴而榮
개결하면서도 사람들과 친화했나니	介而能群
재능은 뛰어나도 명성을 추구하지 않았지	華不爲名
오직 지극히 맑은 영기	惟靈之灝
오직 지극히 큰 기운을	惟氣之浩
얻어서 태어났고	得之而生
기르며 늙었으며	養之而老

| 온전히 돌아갔으니 | 全之而歸 |
| 거의 도에 가깝도다 | 庶幾乎道 |

남상문은 선천적으로 술을 잘 마시지 못했는데, 손님이 오면 반드시 술상을 차리고 한 잔을 마시면 크게 취해 쓰러진 채로 역사에 대해 토론하고 시를 썼다고 한다. 그가 이정귀와 마시고 싶었던 술 한 병의 의미는 무엇이었을까? 이정귀가 그의 편지를 받고 바로 달려가지 못한 후회는 얼마나 깊었을까?

아름다운 정원에서 두문불출하며 글을 읽고 욕심 없이 지낸 남상문은 효심과 우애가 깊어 친척들과 화목했고, 두 아우와 나란히 이웃에 살면서 매일 아침 형제를 불러 다정하게 지냈다고 한다. 동촌 낙산 아래 아름다운 정원과 맑은 물맛으로 유명한 남상문의 집은 나중에 효종이 봉림대군 시절 지냈던 조양루가 되었다고 한다. 그래도 송월헌은 남아있었고 우물가의 늙은 소나무도 아무 탈 없이 그 자리에서 자라고 있었다고 후손 남구만南九萬. 1629~1711이 〈송월헌松月軒의 시에 차운하다[次韻松月軒詩]〉의 서문에 밝혀 놓았다.

왕이 직접 하사한 서울 최고의 아름다운 집. 화재와 전란을 겪고도 온전히 살아남은 우물 옆 소나무 한 그루. 그곳에서 가난한 사람에게 베풀고 스스로는 맑고 아름답게 살아간 선비. 시간과 함께 이 모든 것은 흔적도 없이 사라졌지만, 달이 밝게 뜨는 밤이면 송월헌의 아름다운 모습을 상상해 보는 것도 좋겠다.

우산보다 사치스러운 집, 비우당(庇雨堂)

우리나라 최초의 백과사전 『지봉유설^{芝峯類說}』을 저술한 지봉^{芝峯} 이수광^李^{睟光}은 낙산의 동쪽 산봉우리 지봉 아래에 살았다. 그곳에서 『지봉유설』을 지었고 선조의 훌륭한 뜻을 이어가고자 했다.

나의 거처는 흥인문^{興仁門} 밖 낙산^{駱山} 동쪽 가에 있다. 이곳에 산이 있는데 '상산^{商山}'이라 하고, 그 산의 한 기슭이 구불구불 남쪽으로 뻗어 나가 마치 공손히 읍^揖하는 듯한 모양을 하고 있는 봉우리가 있는데, '지봉^{芝峯}'이라 한다. 그 봉우리 위에 수십 명이 앉을 만한 널찍한 반석^{盤石}이 있고, 또 일산^{日傘}처럼 생긴 큰 소나무 10여 그루가 있는데, 이곳을 '서봉정^{棲鳳亭}'이라 한다. 그 아래 땅은 더욱 평평하고 광활하여 둘레가 백여 묘^畝쯤 되는데, 이곳을 구획하여 동산을 만들고 이름을 '동원^{東園}'이라 하였으니, 깊숙하고도 널찍하므로 은거하며 한가롭게 지내기에 좋은 곳이다.

이수광은 〈동원비우당기東園庇雨堂記〉에서 자신의 집을 이렇게 소개했다. 그는 낙산 기슭에 있는 널찍한 바위와 햇빛을 가리는 일산처럼 넓게 펼쳐진 큰 소나무가 있는 경치 좋은 곳을 골라서 집을 지은 것일까? 백 묘나 되는 넓은 곳에 동산을 만들어 '동원東園'이라고 이름을 붙이고 한가롭게 잘 지냈던 것일까? 이수광이 이곳에 집을 짓게 된 데는 이유가 있다. 이수광의 외가 5대 할아버지 하정夏亭 유관柳寬, 1346~1433이 바로 이곳에 몇 칸의 초가집을 짓고 살았기 때문이다.

유관은 이름난 재상인데 청렴결백하고 검소하여 집이 비바람을 막지 못할 정도로 초라했다. 장마가 계속되면 집에 비가 주룩주룩 새기 때문에 유관이 직접 우산을 들고 비를 가리면서 부인을 돌아보고는 "우산 없는 집에서는 어떻게 견딜까?" 하고 걱정했다. 부인이 "우산 없는 자는 반드시 준비가 돼 있을 겁니다"하여 공이 웃었다고 한다. 이때 비를 막기 위해 쓴

〈비우당〉

우산이 사실은 대과에 급제했을 때 임금에게서 받은 일산이었다고 한다.

이런 유관의 고사는 청렴한 선비의 모습으로 전해지고 있는데, 청백리로 유명한 유관의 정신을 받들기 위해 이수광은 예전 그대로 집을 지으려고 집의 이름을 '비우당庇雨堂'이라고 하였다. 비우당은 비를 가리는 집이라는 뜻이다.

하정 선조 옛 터가 서울 동문 가에 있는데	夏亭遺址洛東隅
청빈함이 집안에 전해져 나에게도 이르렀다	清白家傳也到吾
어찌하면 둘레가 천만 리나 되는 우산을 얻어	安得傘周千萬里
천하를 다 가려주어 비에 젖지 않게 할까	盡遮天下不沾濡

이 시는 이수광이 지은 〈비우당庇雨堂〉이다. 시의 내용을 보면 유관이 둘레가 천만 리나 되는 큰 우산을 얻어 비 오는 날 비를 맞는 천하의 모든 사람을 가려주고 싶다고 하는 마음을 알 수 있다.

이익李瀷은 『성호사설』에 〈유상수산柳相手傘〉이라는 글을 썼는데 유 재상이 손수 우산을 든다는 제목을 달고 이 고사를 이야기했다. 여기서는 세상 사람들이 유관이 집 안에서 우산을 쓴 일을 이야깃거리로 삼아 검소함을 찬양하는 동시에 공이 세상 물정에 어둡다는 것을 비웃지만, 이익은 유관의 일화에서 남보다 뛰어난 것 두 가지를 꼽았다. 하나는 비가 아직 다 내리지 않았다는 것이고 또 하나는 백성들을 아직 다 구제하지 못했다는 것이다.

자신이 괴로움을 느끼면서 다른 사람의 가난함을 염려하는 것은 당나라 시인 두보^{杜甫}가 초가집이 가을바람에 부서지는 것을 노래한 〈모옥위추풍소파가^{茅屋爲秋風所破歌}〉의 구절 '광하천만간^{廣廈千萬間}'을 의미한다고 했다. '광하천만간'은 천만 칸의 큰 집이라는 뜻으로 이 시의 구절에서 따온 것이다.

안록산의 난을 피해 759년 성도^{成都}에 도착한 두보는 완화계^{浣花溪} 강변에 초가집을 짓고 살았는데 761년 가을에 세찬 바람이 불어 지붕이 다 날아가 버렸다. 그리고 그날 밤 큰 비가 내려 잠을 이루지 못한 두보는 천만 칸의 큰 집을 얻어 천하의 가난한 선비들을 덮어주어 함께 웃을 수 있다면 자신의 집이 부서지고 자신은 얼어 죽어도 괜찮다고 했다.

이익은 유관이 비가 새는 집에서 우산을 들고서 우산조차 없는 사람을 걱정하던 것이 단지 세상 물정을 모르고 지독하게 검소해서 그런 것이라기보다 백성을 가려주고 보호해 주려는 뜻이라고 보았다. 나라의 재상으로 있는 자신도 비가 새는 집에서 우산을 받치며 살고 있는데 가난한 백성이야 어떻게 괴로움을 견딜 수 있을까 걱정한 것이다.

이수광도 〈비우당〉이라는 시에 두보의 '어찌 천만 칸의 큰 집을 구하여[安得廣廈千萬間]' 구절을 인용하여 '어찌하면 둘레가 천만 리나 되는 우산을 구하여[安得傘周千萬里]'라는 구절을 썼다. "어찌하면 천만 칸의 큰 집을 얻어 천하의 가난한 선비를 크게 덮어 모두 기쁜 얼굴로 비바람에도 흔들리지 않고 산처럼 편안하게 할까[安得廣廈千萬間, 大庇天下寒士俱歡顔, 風雨不動安如山]"라는 두보의 시구절을 차용하여 비우당이라고 이름을 지은 것이다.

이수광은 새로 지은 비우당에서 한가롭게 지내려고 하면서 스스로 '겨우 비바람을 가린다[僅庇風雨]'는 의미를 취했다고 말하며 선조의 아름다운 정신을 이어받는다는 뜻을 나타냈다. 외가의 5대 할아버지 유관의 청렴하고 검소한 태도와 백성을 걱정하는 그 마음을 잊지 않고 지키고 싶었던 것이다.

유관은 집안 대대로 개성에 살다가 조선 초기에 서울로 이사 왔는데, 세종 때 우의정을 지낼 때는 훌륭한 재상이라고 세간의 칭송을 받았다. 황희黃喜·맹사성孟思誠과 함께 조선 초기 세 명의 청렴한 관리라는 뜻의 선초삼청鮮初三淸으로 불리며 평생 청렴하고 검소하게 살았다. 최상의 지위에 있었지만 두어 칸의 초가집에 살면서 베옷과 짚신을 신을 정도였다.

유관이 역사를 편수하는 책임자로 일할 때 사국史局이 흥인문 안 금륜사金輪寺에 있었는데 일을 하러 다닐 때면 수레와 말을 타지 않았다. 대신 소박한 모자에 지팡이를 짚고 걸어 다녔다. 어떨 때는 젊은이들을 데리고 시를 읊으며 다니니 사람들이 그 아량에 감탄했다. 친척 중에 학업에 종사하거나 타향에서 지내는 사람이 있으면 모두 집으로 불러 밥을 먹이고 녹봉을 받거나 음식을 받으면 친척과 이웃에게 나누어 주었다. 태조부터 세종에 이르기까지 하사받은 물건이 산처럼 쌓여있을 만도 하지만 나누어 주느라 남아 있는 것이 없었다고 한다.

사람이 찾아오면 겨울에도 맨발에 짚신을 신고 맞이했으며 때로는 호미를 가지고 채소밭을 가꾸고, 손님을 접대하기 위해 술자리를 마련할 때도 막걸리 한 단지를 섬돌 위에 놓고 늙은 여종을 시켜 종지 하나를 가지고 술을 따르게 하고는 서로 각각 두어 잔만 마신 후에 자리를 끝냈다. 안주는 소금으로 볶은 생콩 한 소반뿐이었다. 손님을 대접하는데 뭘 이렇게까지 궁색하게 할 필요가 있을까 싶지만 유관이 가난하거나 인색해서가 아니라 공직에서 일하고 있었기 때문이었을 것이다. 요즘으로 치면 스스로 김영란법을 만들어 지켰던 것이 아닐까?

태종 6년(1406) 7월에 유관은 전라감사로 있다가 예문관 대제학으로 임명되자 급하게 서울로 이사를 가야 했다. 음력 7월이면 한창 더운 때라 유관이 부채질을 하고 있었는데, 배를 타고 한강을 건너다가 자신이 부치고 있던 부채가 전라감영에서 쓰던 합죽선이라는 것을 알았다. 날씨가 더워 부채를 부치다가 그만 깜빡 잊고 가져온 것이다.

감영의 공공 기물을 개인이 그냥 가지고 왔다며 크게 놀라고 탄식을 하자 옆에 있는 사람이 그 정도를 가지고 뭘 근심하냐고 걱정하지 말라고 하였다. 그러자 유관은 공과 사를 분명히 해야 한다며 합죽선을 한강에 던져버렸다. 한강에 부채를 던졌다고 하여 한강투선漢江投扇이라고 하는데 바로 관리의 청렴함을 뜻하는 말이다.

정승이라는 높은 자리에 있으면서도 공무를 마치고 남는 시간에는 후학을 가르쳤는데 그에게 배우려는 학생이 있으면 그가 누구의 자제인지 묻지 않고 성의껏 가르쳐 주었다. 그래서 제자들이 사방에서 많이 모여들었는데 배우려고 오는 사람은 누구라도 다 받아들였으며 개인적으로 와서 인사를 해도 그 이름을 묻지도 않을 만큼 공평함을 유지하려고 노력했다. 녹봉을 받으면 먹과 붓, 벼루를 사서 필요한 학생에게 나눠주어 열심히 학업에 몰두하게 했다.

유관이 초가집에 사립문만 겨우 달아 놓고 살자 사람들이 대문과 담장을 만들라고 했다. 그러나 유관은 "이제서야 재상이 되어 아직 나랏일에 보탬이 되지도 못했는데 개인의 집부터 짓는 것이 옳겠는가"라고 하며 끝까지 담을 만들지 않았다. 태종이 대궐 밖에 나갔다가 유관의 집을 보고는 건축과 수리를 담당하는 기관인 선공감繕工監에 명을 내려 유관이 숙직하는 날 밤에 몰래 그의 집에 울타리를 설치해 주고는 유관에게는 알리지 못하게 했다. 그가 알면 분명히 거절할 테니 임금이 몰래 정승의 집에 울타리를 설치해 준 것이다. 이튿날 유관이 이 사실을 알고 조정에 나가 임금에게 사양을 했지만 임금은 끝까지 울타리 허무는 것을 허락하지 않았다.

한번은 경상도 관찰사 이희李暿가 유관의 집에 왔다가 재상의 집이 너무 초라한 것을 보고는 사재를 털어 집을 수리해 주었다. 그러자 유관은 크게 화를 내며 나라의 녹봉을 받는 관리인 경상감사가 무슨 돈이 그리도 많아서 남의 집까지 수리해 주냐고 호통을 쳤다. 그러자 이희가 조상의 유산이 있어서 집수리 비용을 마련한 것이지 절대 나라에서 받은 녹봉으로 한 것이 아니라고 하였다. 이 말을 들은 유관은 그것이 사실인지 확인하기 위해 이희의 재산을 조사하였다고 한다. 유관에 관한 청렴한 이야기는 『필원잡기筆苑雜記』·『청파극담靑坡劇談』·『해동야언海東野言』 등에 전해진다.

유관이 살던 집은 이수광의 아버지 이희검李希儉이 물려받았다. 이희검은 유관의 청빈 사상을 이어 받아 옷은 몸을 가리는 것으로 족하고 음식은 창자를 채우는 것으로 족하다며 검소하게 살았다. 물려받은 집을 조금만 넓히고 살았는데, 어떤 손님이 와서 보고는 너무 소박하다고 하자 "우산으로 새는 빗물을 받쳤던 시절에 비하면 너무 사치스럽다"고 대답했다. 이희검이 세상을 떠났을 때는 장례를 치를 물자가 부족해 일가친척과 지인이 곡식을 추렴해 주었다고 한다.

비우당은 임진왜란을 겪으며 불에 타 없어졌고, 이수광은 다시 작은 집을 짓고는 비우당 일대의 아름다운 모습을 여덟 가지로 뽑아 〈비우당팔영庇雨堂八詠〉이라는 시로 읊었다.

나는 산 위의 구름을 사랑하니	我愛山上雲
천날 만날 누워서 마주 대한다오	朝朝相對臥
이내 천성 구름보다 더 게으르니	我性懶於雲
구름이 한가해도 나만 못하리라	雲閑不如我

〈비우당 팔영〉 중에서 세 번째인 '타락산의 갠 구름[駝駱晴雲]'이다. 낙산 아래가 아니라 낙산의 지봉 근처에 살았기에 산 위의 구름을 언제라도 마주할 수 있었다. 천천히 흘러가는 구름을 보며 자신이 구름보다 더 한가함을 자랑하고 있다. 지봉의 작은 집에서 살지만 그곳에서 바라보는 풍경은 그 무엇도 부럽지가 않았을 것이다.

〈비우당 팔영〉의 여덟 가지 풍경은 '동쪽 연못의 가느다란 버들[東池細柳]', '북쪽 고개의 드문드문한 소나무[北嶺疏松]', '타락산의 갠 구름[駝駱晴雲]', '아차산의 저녁 비[峨嵯暮雨]', '앞내에서 발 씻기[前溪洗足]', '뒷밭에서 지초 캐기[後圃採芝]', '바위 동굴에서 꽃 찾기[巖洞尋花]', '산속 정자의 달마중[山亭待月]'이다. 대단하게 화려하고 호사스러운 경치보다는 일상에서 소박하게 즐길 수 있는 모습을 골라 노래했다.

이른 아침 봄 동산은 이슬 젖고	露濕春園早
지초 돋아 향기가 가득 안기네	芝生香滿抱
먹고 나니 몸이 가벼워져	餐來骨欲輕
어쩌면 상산의 네 노인과 비슷하네	何似商山老

이 중에서 여섯 번째 시 '뒷밭에서 지초 캐기[後圃採芝]'를 보면, 이수광이 사는 상산商山과 연관이 있다. 진시황 때 폭정을 피해 섬서성陝西省에 있는 진령秦嶺의 지맥인 상산에 숨어 살았다는 네 명의 선비를 상산사호商山四皓라고 부르는데, 동원공東園公·기리계綺里季·하황공夏黃公·녹리선생用里先生이다. 네 사람 모두 수염과 눈썹이 모두 하얗기 때문에 흴 호皓자를 써서 '사호'라고 불렀다.

이들은 한 고조漢高祖의 초빙에도 응하지 않고 상산에 은거하여 자주색 지초를 캐 먹으며 자지가紫芝歌를 지어 불렀다고 한다. 네 사람은 훗날 나이 많고 덕이 높은 은사隱士를 의미하게 되었다. 이수광이 자신이 사는 곳을 동원東園이라고 불렀으니 상산사호 중의 한 명인 동원공이 되는 셈이다. 상산사호가 지초를 캐며 먹고 살았으니 이수광도 덕이 높은 은자가 되고 싶다는 의미일 것이다.

〈자지동천〉

이수광이 살던 비우당은 사라지고 없지만, 현재 낙산공원에서 창신동 쪽으로 내려가는 내리막길에 비우당을 다시 만들어 놓았다. 세 칸짜리 초가집으로 재현해 놓았는데, 너른 바위는 보이지 않고 앞에는 아파트 단지가 들어서 있다. 비우당이 있던 원래 자리에는 아파트가 들어서 위치를 옮겼다고 한다. 비우당의 오른쪽에는 작은 우물이 보이고 집의 뒷벽에는 '자지동천紫芝洞泉'이라는 네 글자가 새겨져 있다. 자주색 지초가 있는 샘물이라는 뜻이다.

이 샘물에는 단종비 정순왕후定順王后 송宋 씨의 슬픈 사연이 있다. 정순왕후가 왕비가 된 이듬해에 단종이 수양대군에게 왕위를 넘기고 2년 후 영월로 유배를 가게 되었다. 정순왕후는 단종이 떠나는 모습을 울면서 바라보고 낙산의 청룡사青龍寺에서 지내면서 이 자지동천에서 비단을 염색해서 팔아 생계를 꾸렸다고 한다.

이 샘물에 옷감을 담그면 자주색으로 물이 든다고 해서 자지동천이라고도 하고, 정순왕후의 피눈물 때문에 자주색으로 물들었다고 하여 '자주 우물'이라고도 한다. 자지동천 바로 위에는 넓은 바위가 있는데, 옷감을 물들여 바위 위에 널어 말렸다고 해서 '자주바위'라고 부르고, 마을 이름도 자줏골, 자주동, 자지동紫芝洞이라고 했다.

낙산 자락을 내려오는 길에 청룡사가 보이는데 그 옆에는 1771년에 영조가 정순왕후가 살던 집터에 '정업원 옛터 신묘년 9월 6일에 눈물을 머금고 쓰다[淨業院舊基辛卯九月六日飮涕書]'라고 직접 글씨를 써서 세운 '정업원구기淨業院舊基' 비석이 있다. 영조는 정순왕후가 세상을 떠난 지 250년이나 지났는데 왜 비석을 세워줬을까?

영조 12년(173)에 영조가 정순왕후의 능인 사릉思陵에 참배하러 갔다가 정순왕후의 이야기를 자세히 듣게 되었다. 단종이 영월로 유배를 가고 나라에서는 정순왕후가 살 집을 내려주려고 했지만 정순왕후가 이를 거절하고 영월 쪽을 바라볼 수 있는 곳에 머물기를 원해 동대문 밖에 집을 짓고 살면서 집 뒤에 있는 석봉에 올라 항상 영월 쪽을 바라보았다고 한다. 그래서 정순왕후가 올라갔던 봉우리를 동쪽을 바라보는 봉우리라는 뜻으로 동망봉東望峯이라고 불렀다. 영조는 정순왕후가 정업원의 비구니로 살았다는 사실을 확인하고는 정업원구기 비석을 세워준 것이다. 정업원은 양반 출신의 여인들이 출가하여 머물던 절이었다.

정업원구기 비석은 비각 안에 있는 데다 문이 닫혀 있어 안이 보이지 않고, 근처에 접근 금지 표지가 있어 자세히 볼 수가 없다. 비각의 위에는 '앞산 뒷바위 천만 년을 가다[前峰後巖於千萬年]'이라는 현판이 있는데 이 글씨도

〈자주바위〉

영조의 친필이라고 한다.

자지동천 샘물의 자리는 그대로 남아 있고 그 옆에 표지석도 있지만 우물은 말라버렸다. 이수광에게 자주색 지초가 물드는 이 샘물이 덕이 높은 은일지사를 상징했다면, 정순왕후에게는 한 맺힌 슬픔과 생계의 곤란함을 해결해 주는 것이었다.

〈정업원구기 비각〉

현재 비우당 앞은 아파트 단지가 전망을 가리고 뒤쪽 작은 동산 바로 위에는 도로가 지나고 있다. 비우당의 옛 터를 나타내는 비석도 있었다고는 하는데, 아파트 건설 공사로 이제는 사라지고 말았다.

청계천 8가에 비우당교가 있는데 유관이 나라에서 녹봉을 받아 마을에 다리를 놓아준 것을 기념하는 것이다. 옛날 다리 모습 그대로는 아니고 재현해 놓은 것이다. 비우당교에서 동대문 등기소까지의 도로 이름을 유관의 호 하정을 따서 하정로夏亭路로 지정했으니 그곳을 지날 때면 청렴한 선비 유관을 기억해야 할 것이다. 몇백 년 전 높은 지위에 있으면서도 청렴하고 검소하게 살아갔던 유관과 그 정신을 이어가려고 노력한 후손 이수광의 뜻이 여전히 간절하다.

낙산의 최고 즐거움,
최락당(最樂堂)

조선시대에 서울 성곽 안에서 뒤에는 산이 있고 앞에는 시내가 흐르는 곳을 찾는다면, 바로 동촌이다. 너무 높지도 낮지도 않은 낙산이 병풍처럼 둘러싸고 그 아래로 맑은 흥덕동천이 흐르며 냇가에는 버들이 줄지어 자라고 있어 봄날이면 낙산의 봄꽃과 흥덕동천가의 버들이 조화를 이루어 아름다운 풍경을 만들어냈다. 그래서인지 동촌에는 여러 가지 꽃과 나무를 심고 못을 파서 연꽃을 심은 대저택이 많았다. 특히 선조 대에는 낙산에 호화로운 저택이 즐비했다.

낙산駱山 기슭에는 옛날에 유명한 정원이 많았는데 기성 공자箕城公子의 저택이 그중 제일이었다. 계곡과 숲의 정취가 그윽하고 도읍과 들판의 전망이 드넓게 펼쳐져 있다. 또 휘도는 바위, 굽은 섬, 층층의 섬돌, 괴이한 바위, 아름다운 나무, 기이한 화초 등 빼어난 경치가 있어, 이 정원에 들어서면 사람을 놀라게 하고 정신을 서늘하게 한다. 이곳은 골짜기의 갈래가 복잡하고 길은 종잡을 수 없어 위치는 비록 성시城市와 멀지 않지만 마치 속세의 먼지에서 멀리 벗어난 별천지 같다.

낙산에는 유명한 정원이 많아서 세도가의 높은 종친이나 벼슬아치가 많이 살았다. 동촌은 사대문 안에 있으면서도 마치 전원에 사는 것과 같은 풍경이라 시내 중심에 있으면서도 멋진 자연경관을 즐길 수 있는 곳이었다. 낙산은 그리 높은 산은 아니었지만 기암괴석이 많기로 유명해, 이곳에 집을 지으면 전망이 좋고 정취가 있어 비록 시내 한복판에 있어도 속세를 벗어난 별천지와 같은 곳이었다. 이렇게 경치 좋은 곳에 집을 짓고 사는 기성 공자箕城公子는 기성군箕城君 이현李俔, 1543~1568이다.

이현은 성종成宗의 일곱 번째 서자인 익양군益陽君 이회李懷의 손자이며, 용천군龍川君 이수한李壽䶍의 여섯 번째 아들이다. 호는 최락당最樂堂이고 사옹원司饔院 제조提調로서 여러 번 중국에 사신으로 다녀왔으며, 아들 7형제를 두었는데 이 후손이 번성하여 전주 이씨 봉안군파鳳安君派를 이루었다.

왕손인 기성군의 저택은 당대에 최고로 호화로워 유명 문인들과 명나라 인사들이 방문하는 곳이었다. 낙산의 아름다운 경치 속에 지어진 저택이라 정원이 특히 아름답기로 소문이 났다. 조선 중기 4대 문장가 중 한 사람인 신흠申欽, 1566~1628은 1606년 여름에 황태손皇太孫의 탄생 조서詔書를 가지고 우리나라에 사신으로 나온 명나라 한림원 수찬翰林院修纂 주지번朱之蕃을 접대하기 위해 성균관에 갔다.

사신 주지번은 당시 명나라 문단에서도 문장이 뛰어나기로 손꼽히는 사람이라 조선에서는 그를 맞이하기 위해 조선 최고의 문인들을 선발했다. 사신 접대를 마치고 호조 판서 한준겸韓浚謙, 지중추부사知中樞府事 이정귀, 예조 참판 오억령吳億齡, 첨지중추부사僉知中樞府事 정협鄭協, 첨지중추부사 김상용金尙容 등 당대 최고의 문인들은 함께 기성군의 집을 찾았다.

기성군의 집이 낙산에 있어 그 정원의 꽃과 나무, 연못의 경관이 서울 성 안에서는 최고로 꼽히는데 그날따라 마침 날씨도 맑고 따스해 경치를 즐기기에 더없이 좋았다. 시의 제목에 병오년 여름이라고 했는데 음력 4월부터 6월까지가 여름이라 양력으로 치면 5월부터니 최고의 계절에 기성군의 정원에 간 것이다. 게다가 모란꽃이 한창 피어 정원은 마치 비단 휘장을 깔아놓은 것처럼 눈을 즐겁게 해주었다고 하니 그 아름다움을 직접 보지 않고 어떻게 이해할 수 있을까. 이날 문인들은 술을 몇 차례나 마신 후에 낙산에 올라가 서울 경치를 구경하고는 저녁이 되어서야 헤어졌다. 이날 신흠과 오억령은 시를 남겼다고 한다.

왕손의 호화로운 집 도성 동쪽에 자리하니	王孫華構國東偏
서울의 이름난 정원 그중에 최고라네	洛下名園此最傳
신선 사는 한가로운 세상 따로 있으나	別有洞天閑世界
평지에서 도리어 신선되어 살아가네	却從平地作神仙
꾀꼬리며 제비 또한 바쁘게 날아들고	黃鸝紫燕亦多事
작약이며 모란 서로 아름다움 뽐내네	芍藥牧丹相幷姸

술 마시며 오늘 저녁 즐김을 어찌 방해할까   *細酌何妨永今夕*

뜬 인생 네 가지 아름다움 갖추기 어렵다네   *浮生四美苦難全*

신흠이 이날 해가 질 때까지 기성군의 집에서 놀다가 이 시를 남겼는데 서울 최고의 정원에서 신선이 되어 즐겼던 그날의 정경이 눈앞에 떠오르는 것 같다. 신선의 삶이 아닌 속세에 사는 인간의 삶이라 네 가지 아름다움을 갖추기는 어렵다지만, 이날 기성군의 정원에 모인 사람들은 네 가지 아름다움을 모두 갖춘 셈이다. 좋은 계절과 아름다운 경치, 기쁜 마음과 통쾌한 일을 전부 즐겼으니 말이다.

이날의 즐거움을 신흠은 시로 남겼는데 오억령의 시는 문집에서 찾을 수가 없다. 대신 오억령의 동생 오백령吳百齡의 아들 오준吳竣이 이 일에 대해 남긴 시가 있다. 제목은 〈병오년 여름 백부와 현헌玄軒(신흠), 월사月沙(이정귀), 유천柳川(한준겸), 선원仙源(김상용), 정화백鄭和伯(정협)이 함께 기성군의 집에 간 후에 칠언율시를 지었는데 삼가 그 운에 차운하다[丙午夏 伯父與玄軒月沙柳川仙源鄭和伯同登箕城君家後 作七言律 謹次其韻]〉이다. 이로 보아 큰아버지 오억령이 남긴 칠언율시에 오준이 차운을 했다는 것을 알 수 있다.

시의 첫 연의 내용은 유명한 정원이 낙산 깊숙한 곳에 있어 여섯 명의 대부가 고귀한 모임을 하며 풍류를 즐기는데 꾀꼬리 울고 꽃 피는 광경을 눈에 가득 담고서 잠시라도 웃고 이야기하는 것 또한 좋은 계책이 되었다는 것이다. 서로 술을 기다리는 대신 먼저 술을 따르느라 바쁘고 흥에 겨워 온갖 권태로움을 다 잊어버리는 모습이 시에 잘 나타나 있다.

공자의 화려한 정원 낙산 깊숙한 곳에 있어	公子華園駱岫隅
길이 어지러워 꽃 숲 밖 촌부에게 묻네	路迷花外問村夫
낙수에서 아름다운 때 만나 우연히 읊어	偶成洛水佳辰會
성대한 풍류를 함께 만들어내네	合作風流盛事圖

채색 붓으로 봄을 만나 기상을 더하니	彩筆逢春增氣象
고상한 담론 술에 의지해 떠들어보네	高談倚酒任喧呼
서쪽으로 지는 해 묶어두지 못하지만	相留未繫西飛日
물시계 소리 들려도 돌아오는 길 무슨 상관이랴	歸路何妨聽漏壺

모두 4수로 이루어진 시 중에서 뒷부분의 시 2수인데, 낙산 깊은 곳에 모여 최고의 문인들이 풍류를 즐기는 모습을 그렸다. 아름다운 풍경 속에서 6명의 문인과 기성 공자는 시간 가는 줄을 모르고 문학과 자연을 읊었을 것이다. 그러다 보니 어느덧 서쪽으로 해가 날아갈 듯 빨리 지고 있는데, 더 남아서 흥겹게 놀아보고 싶은 마음이 간절할 뿐이다. 해는 지고 저녁을 알리는 시계 소리가 들리지만 시간이 늦었다고 무슨 상관이겠는가. 좋은 계절에 가장 아름다운 곳에서 최고의 글솜씨를 가진 문인들이 모여 경치를 감상하며 술을 마시고 시를 지으며 보내는 그 시간은 시로 남았다. 오준은 직접 그 자리에 참여하지 못했지만 백부 오억령의 시를 보며 간접

체험을 충분히 했을 것이다. 나중에 한준겸도 신흠과 오억령의 시에 차운을 했다고 한다.

기성군의 낙산 저택이 유명하다 보니 이런저런 모임도 많았다. 더구나 기성군의 성품이 호방하다고 하니 많은 문인들이 그의 정원에서 모였을 것이다. 병오년에 이 모임에 참석한 이정귀에 이어 그 장남 이명한李明漢, 1595~1645도 기성군의 정원에서 풍류를 즐겼다.

맑은 가을 이름난 정원의 아름다운 모임이라	名園佳會趁淸秋
공자의 성대한 자리라 풍류가 높네	公子華筵摠勝流
솔 그림자 뜰에 가득하고 촛불 타오르니	松影滿庭銀燭爛
다시 밝은 달 잡아 서쪽 누각에 내려가리	更携明月下西樓

이 시의 제목은 〈기성 공자의 원림에서 짓다[箕城公子園林口號]〉이다. 맑은 가을날 기성군이 성대한 자리를 마련하니 문인들이 한껏 풍류를 즐겼다. 이 모임은 달이 뜨는 밤중까지 이어졌던 모양이다. 달이 뜬 밤에 정원의 아름다운 나무에 비치는 달빛을 포기할 수 없었을 것이다. 이정귀의 장남이며 아버지에 이어 문형文衡을 잡았던 이명한도 동촌에 살았으니 기성군의 정원을 자주 방문하며 풍류를 즐겼을 것 같다.

낙산에 유독 아름다운 정원과 화려한 저택이 많았으며 선조대에 그 화려함이 최고에 이르렀다고 하는데 이런 호화로움은 계속될 수 있었을까? 1592년 임진왜란이 일어나면서 낙산의 저택은 모두 불타버렸다. 왕손으로 살면서 낙산의 경치 좋은 곳에 집을 짓고 당대의 유명한 문인들과 교유하며 아름다움을 즐겼지만, 이현의 그 대단한 집도 모두 불타고 집터는 폐허가 되어 버렸다.

전쟁이 끝나고 돌아온 집터에 남은 것이라곤 나무와 연못뿐이었다. 그런데 집은 모두 불타버렸지만 자연은 그대로 남았다. 나무는 가지 하나 부러지거나 상한 것 없이 옛 모습 그대로 남아 오히려 더욱 아름다웠다고 한다. 기성군은 이 모습을 보고 인간 세상의 빼어난 경치를 하늘이 아끼고 귀신이 보살펴 남겨둔 것이라고 생각했다.

그리고 하늘과 귀신이 자연을 온전히 남겨준 이유를 생각하여 옛날의 크고 멋진 누각들을 모두 버리고 집 한 채를 지었다. 그 집에 최락당最樂堂이라는 이름을 붙였는데, 집이 완공되자 집과 함께하는 경치는 더욱 아름다워졌다고 한다.

내 젊어서 승정원에 벼슬을 할 때	少歲官堂後
그대 이미 지위 높은 것을 보았네	看君位已尊
숲속 정원은 푸른 산이 이어져 있고	林園連翠麓
꽃과 나무는 존귀한 집에 가득했네	花木映朱門
성 동쪽의 빼어난 경치 독차지하고서	獨擅東城勝
손님 불러 술통을 자주 열었네	頻開北海尊
일찍이 왜병 피해 자취를 숨겼는데	避兵曾迸迹
실컷 난리 겪고서 다행히도 돌아와	厭亂幸廻轅

건물을 꾸려 어느덧 새 집을 완성하니	**結構俄新第**
옛 담장이 다시 번화하게 되었네	**繁華更舊垣**
신선의 거처에서 다투어 감상하며	**玄都爭賞翫**
반가운 얼굴로 몇 번이나 담론하였던가	**靑眼幾談論**

동촌의 빼어난 경치를 독차지할 수 있었지만 언제나 손님들을 불러 모아 술통을 아낌없이 열어준 기성군 이현. 전란의 피해로 집은 사라졌으나 정원은 온전히 남아 있어 집을 새로 짓고는 다시 문인들을 불러 모아 시를 짓고 담론을 했다.

새롭게 만든 기성군의 정원에 어느 날 낙산 아래 연화방에 사는 이정귀가 방문하여 이현과 대화를 나누면서 집 이름을 최락당最樂堂으로 지은 이유를 물었다. 최락당은 글자대로 풀면 '최고로 즐거운 집'이라는 뜻인데, 이정귀는 집주인에게 최고로 즐거운 것이 무엇인지 물었다.

집주인 이현은 어떤 대답을 했을까? 왕손으로 태어나 어려움 없이 모든 것을 누리며 사는 것? 좋은 옷을 입고 맛있는 음식을 먹는 것? 유명 인사들과 만나 원 없이 사귀는 것? 어떤 즐거움이 최고의 즐거움일까?

이정귀가 먼저 경치가 아름다운 최락당의 사계절에 대해서 묻자, 이현은 그것은 외부에서 얻어지는 즐거움이지 마음에서 얻어지는 것이 아니라며 자신의 마음에서 얻어지는 즐거움이라야 의미가 있다고 대답했다.

이정귀가 반가운 손님과 술 마시며 음악을 즐기는 것이 즐거운 것이냐고 다시 묻자, 이현은 그것도 즐거운 것이지만 스스로 얻는 즐거움은 아니라고 대답했다. 자신이 주체가 되어 얻는 것은 아니라는 의미다.

또 채소를 심고 화초에 물을 주며 물고기를 구경하고, 먼 곳을 조망하며 술에 취하기도 하는 것을 즐거워하냐고 물으니, 이현은 "이는 진실로 내가 자득하는 즐거움이긴 하지만 가장 큰 즐거움은 아닙니다"라고 답했다. 이 정귀가 후한後漢 광무제光武帝의 여덟째 아들인 유창劉蒼의 즐거움이냐고 물었다. 학문을 좋아하고 지혜로웠던 유창은 집에 있으면서 가장 즐거운 것이 선善을 행하는 것이라고 꼽았기에, 이현이 말하는 최고의 즐거움이 유창과 같이 선을 행하는 것이냐고 확인한 것이다. 이 질문에 대해서 이현은 그렇게 할 수 있다는 게 아니라 힘써 실천해 보려 한다고 대답했다.

이정귀는 즐거움은 칠정七情의 하나라, 눈은 색色을 즐거워하고 귀는 소리를 즐거워하며 입과 코는 냄새와 맛을 즐거워하고 신체는 안일을 즐거워하는 것이 인지상정人之常情인데, 거친 밥을 먹으면서도 즐거워하고 한 소쿠리의 밥과 한 표주박의 물로도 즐거워하는 그러한 사람이 바로 이현이 아니겠냐고 했다.

그리고 왕실의 후손으로 부귀한 집안에서 태어나 세상의 근심과 어려움을 모르고 자랐으니 사치와 안락을 즐기는 것이 당연할 테지만, 그런 즐거움을 버리고 각고의 노력으로 선善을 실행하는 것을 평생의 가장 큰 즐거움으로 삼으니, '혼탁한 세상을 훌쩍 뛰어넘은 훌륭한 공자公子'라고 이현을 평가했다.

맹자孟子가 어진 사람이라야 선을 즐길 수 있지, 어질지 못한 사람은 비록 연못과 누각과 새와 짐승을 가지고 있더라도 즐길 수 없다고 했다. 선을 행하는 것이 아름다운 공간에 살면서 최고로 즐기는 것이라는 이현에게 어울리는 말이다. 최락당에서 이현과 최고의 즐거움에 대해 이야기를 나누던 이정귀는 그의 말에 감명을 받고 〈최락당기崔樂堂記〉를 써주었다.

이현은 세속적인 사치와 안락을 즐겨도 됐지만, 임진왜란 이후 오히려 선善을 행하려는 노력을 평생의 가장 큰 즐거움으로 삼고 실천하려고 했다. 임진왜란 이후 낙산에 있던 세도가들의 화려하고 사치스러운 집들이 모두 불타버렸다. 이현의 집도 불타버렸지만, 전쟁의 피해 속에서도 옛 모습 그대로 남아 있는 나무와 연못을 보면서 이현은 새롭게 태어난 것인지도 모르겠다.

이 봄날에 영영 떠나셨으니	三春長奄忽
모든 일은 무덤에서 끝나고 말았구려	萬事竟丘原
바라보니 푸른 산은 멀기만 한데	望裏蒼山遠
바람 앞에 상여 깃발만 펄럭이는구려	風前素旗翻
훌륭하신 종실을 어찌 다시 보겠소	宗英那復見
사별함에 부질없이 넋이 스러지는 듯하오	死別謾銷魂

윤근수尹根壽는 기성군이 세상을 떠나자 그를 위해 〈종실 기성군에 대한 만사挽詞[挽宗室箕城君]〉를 지었다. 기성군 이현은 낙산의 아름다운 정원에서 선을 행하는 최고의 즐거움을 누리려고 노력했고 그의 마지막은 훌륭한 종실로 받들어졌다.

아직도 서울의 동쪽 낙산에는 나무가 울창하고 낙산 꼭대기에 오르면 서울의 아름다운 풍경을 볼 수 있지만, 이현이 살았던 최락당은 흔적도 없다. 낙산 어디쯤일까 짐작하며 다녀보아도 공원으로 꾸며진 낙산에서 그 자취를 찾을 수 없었다. 많은 시간이 흐르면서 옛날 화려한 저택과 정원은 사라지고 풀과 나무와 바위만 남았다. 전쟁이 집을 사라지게 하고 자연만 남겼던 것처럼 시간은 인공의 흔적을 지우고 자연만 남겨두었다. 대신 최선을 다해 선을 행하려 하는 인간의 마음은 오래 남아있으면 좋겠다.

조선의
핫플레이스
동東村촌

4장

동촌
사람들

조선을 이끈 동촌의 특별한 아이들, 오동계(五同契)

우리 집은 동리^{東里}에 있다. 12살 동갑내기 아이 열두 명이 때로 백곡^柏^谷의 송정^{松亭}에서 모이다가 계를 결성했는데, '오동^{五同}'이라고 이름을 붙였다. 사는 곳도 같고, 태어난 해도 같고, 기상과 취미도 같고, 학사^{學舍}도 같고, 사람의 숫자와 나이의 숫자가 같기 때문이다. 날마다 문학 모임을 하며 때로 지체 높은 분을 만나면 소매를 모으고 어깨 나란히 하며 온화한 모습으로 길에 서면 '동촌기동대^{東村奇童隊}'라고 하며 곧 수레를 멈추어 예우하고 지나갔다.

동촌에 사는 12살짜리 동갑내기 아이들 12명이 계모임을 만들었다. 계모임의 이름은 '오동^{五同}'이다. 다섯 가지가 같다는 뜻이다. 사는 곳, 태어난 해, 기상과 취미, 공부하는 학사, 12살이라는 나이와 12명이라는 모인 사람의 숫자, 이 다섯 가지가 같다. 12명의 아이들은 날마다 만나서 글을 짓고 문학을 논했다. 가끔 길에서 수레를 탄 지체 높은 사람을 만나면 나란히 서서 예를 갖추는데 사람들이 이들을 '동촌기동대東村奇童隊'라고 불렀다. 동촌의 특별한 아이들이라는 의미다. 이 아이들을 본 지체 높은 사람은 수레를 멈추고 아이들에게 예우하고 지나갔다. 어떤 아이들이기에 이런 대우를 받을 수 있었던 것일까?

동촌은 서울 성 안에서 동부에 속하는 곳으로 명륜동에서 낙산에 이르는 지역을 가리킨다. 동촌에는 성균관이 있으며 궁궐이 가까운 데다 경관 좋은 낙산이 있어 서울의 명문가가 많았다. 이런 동촌에 사는 기동奇童, 곧 똑똑하고 재주가 빼어난 아이 12명은 지체 높은 어른일지라도 함부로 대하지 못했다. 명문가의 똑똑한 아이들이 나중에 어떤 인물이 될지 기대할 만하기 때문이다.

12살 아이들이 만든 이 계모임은 당시에 굉장히 유명했다. 이정귀, 이호신李好信, 박동열朴東說, 박순朴淳, 민형남閔馨男 등은 당대에 이름 높은 문장가들인데 어릴 때부터 학문과 문장으로 일찍 이름을 알렸다.

이정귀는 태어날 때 범이 문밖에 와서 엎드리고 있다가 아기 울음소리를 듣고서야 돌아갔다고 해서 사람들이 군자君子가 태어나 문명文明을 밝힐 징조라고 했다. 6살 때에는 유모가 그를 안고 문밖에 앉아 있었는데, 술취한 사람이 집 앞의 다리를 건너가는 것을 보았다. 이때 버들개지가 날고 피리 소리가 들리자, 어린 이정귀가 노래하듯이 광경을 말했다. 유모가 신기하게 생각해 그의 아버지에게 알렸다. 아버지가 이정귀에게 시구로 지어볼 수 있겠냐고 묻자 바로 시를 지었다.

부축해 지나가는 작은 다리 너머	扶過小橋外
버들개지가 다투어 어지럽게 날리네	楊花爭亂飛
어디선가 몇 가락 피리 소리	何處數聲笛
취객의 귀를 깨우네	吹來醒醉耳

6살짜리 아이가 지었다고 믿기 어려울 정도인데, 이정귀는 어릴 때부터 뛰어난 시를 지어 당시 사람들이 신동이라고 칭찬했다. 이정귀의 집안은 고조 이석형으로 시작해 학문과 문장이 뛰어나 이정귀에게 기대하는 바가 컸다. 어릴 때부터 신동의 기질을 발휘해 이미 동촌에서는 유명했으니 어른들이 함부로 대할 수 없었을 것이다.

첫 번째 글은 이호신李好信, 1564~1629이 동계좌목同楔座目에 대해 쓴 발문跋文이다. 이 내용은 이정귀의 행장에 12살 이정귀의 행적으로 그대로 나온다. 어릴 때부터 똑똑하고 재주 있는 아이들이 자기들끼리 계모임을 만들어 날마다 문학을 했으니 훗날 문장가로 이름을 날리게 되는 건 어쩌면 당연한 일이었다.

오동계의 계원 황유중黃有中, 1564~1620은 갑자년에 낙산의 동촌에서 태어났다. 12살이 되며 동학들과 오동계를 만들었는데 그때 이정귀가 수장을 맡았고 그 모임을 '동둔기동대東邨奇童隊'라고도 불렀다고 했다. 황유중은 열심히 공부하여 생원시에 합격하고 정시 문과에 급제했지만 당시 아버지가 시관을 맡았다가 아들의 글을 알아보고는 급제를 취소해버렸다. 나중에 다시 증광문과로 급제했다.

1575년에 12살 이정귀를 주축으로 만들어진 오동계五同契는 계원들이 18살이 될 때 18명으로 늘어났다. 12살 때 12명이 모였으니 18살에는 18 명으로 머릿수를 맞춰야 하므로 6명이 추가로 유입된 것이다.

나이가 모두 18세가 되던 해 봄에는 화악華岳의 중흥사重興寺에서 노닐며 감상했는데 한 대의 선비로서 태어난 해가 같은 여섯 사람이 추가로 가입하기를 원했기에 술 마시고 시 짓는 자리에 참석하는 것을 허락했는데 서울 사람들이 영주선瀛州仙이라고 불렀다.

이호신이 쓴 〈갑계의 발문〉이다. 12살의 아이들 12명이 모여 만든 계 모임은 아이들이 18살이 되었을 때, 태어난 해가 같은 여섯 명이 동촌기동대에 가입하기를 원해서 그들을 받아들여 18명의 인원을 맞추었다는 것이다. 동촌의 빼어난 아이들 모임이니 누구든 여기에 참여하고 싶었겠지만 아무나 함부로 들어갈 수는 없었다. 기존 계원과 수준이 맞아야 하기 때문이다.

이 모임은 삼각산의 중흥사에서 열렸는데, 계원이 18명이라서 영주선瀛州仙이라는 별칭으로도 불렸다. 영주는 신선이 사는 곳이다. 당 태종唐太宗이 태자로 있을 때 궁의 서쪽에 문학관文學館을 설치하고 두여회杜如晦, 방현령房玄齡 등 18인의 문관文官을 학사學士로 삼았다. 한가할 때면 이들에게 정사政事를 자문하기도 하고 책을 읽고 토론하기도 했으며, 그들의 이름과 자字, 관직, 동네 등을 기록하고 18학사라고 불렀다. 당시 사람들이 18학사를 사모하

〈연정계회도 蓮亭契會圖〉 ⓒ문화재청

여 '영주에 올랐다[登瀛洲]' 라고 말하며 영주 18인이라 고 불렀다.

세월은 쉬지 않고 흐르니 12살이던 아이들이 18살의 청년이 되고, 18살의 청년은 다시 36살의 중년이 되었다.

36세가 되던 해에 계원 중에 이미 대소과大小科에 합격하여 높은 지위에 오른 자가 많아 특별히 삼청동에서 성대한 잔치를 열었다. 이날 다시 상 계上契 15명과 하계下契로 아전 3명을 추가해 36명을 만들어 건궁乾宮의 수 를 본뜨고 교태交泰의 뜻을 나타냈다. 더불어 근심과 즐거움을 함께 하기 를 마치 친형제처럼 한다.

좀 더 성장해서 계원들의 나이가 36세가 되었을 때에는 18명을 추가해 서 계원이 36명으로 늘어났다. 기존 계원 18명에다 상계 15명과 하계 3 명을 추가한 18명을 더하니 18+18=36명이 되었다. 20세나 30세로 특정 하지 않고 굳이 36세로 한 이유가 있을까? 일단 18이 두 번 반복되면 36 이다. 계원들 나이가 36세가 되자 특별한 의미로 숫자를 맞춘 것인데, 주 역의 수를 나타내고 의미를 둔 것이다. 이때는 삼청동에서 계모임을 가졌 는데, 문과 급제한 사람이 15명이었다가 나중에 13명이 더 합격하고, 나머지는 모두 음직으로 관직에 나아갔으니 당시 최고의 엘리트 모임이라고 할 수 있다.

　오동계 계원들이 모두 나라의 주역이 되었으니 그들끼리 결속력도 강할뿐더러 자부심도 있었다. 특히 동갑끼리 모여 만드는 동갑계를 언급할 때면 이정귀가 주축이 된 이 오동계를 꼽을 만큼 당시 오동계는 위상이 높았다. 오동계의 계원들은 어릴 때부터 모여서 별일이 없으면 늙어서 죽음이 갈라놓을 때까지 함께 하기로 약속했다. 1624년 갑자년이 되자 오동계 계원들이 모두 회갑을 맞았다.

갑자년 다시 만나 늙어가고	重逢甲子屬殘春
반갑게 만나 백발을 가련히 여기네	靑眼相憐白髮新
한 세도도 어려운데 같은 나라요	一世尙難仍一國
동갑도 행운인데 함께 친하네	同庚何幸況同親
달과 날의 앞뒤로 형 아우 나누고	後先月日分兄弟
이리저리 오가며 손님과 주인 되네	來往東南迭主賓
이런 신교神交 원래 쉽지 않으니	自是神交元不易
우리들 특별한 만남 이을 사람 없으리	我曹奇遇繼無人

　갑자년생이 갑자년을 다시 만나니 회갑이다. 계원들 모두 같은 해에 회갑을 맞아 반갑게 만나면서도 새로 늘어나는 흰머리를 서로 안타까워한다. 동갑이라 형이 되고 동생 되는 것이 날짜로 결정된다. 모두가 회갑 잔

치의 손님이 되기도 하고 주인이 되기도 하는 즐거운 순간이다. 같은 해에 태어나 오래 교유하며 서로 친하게 지내다 같은 해에 회갑을 맞으니 이런 특별한 만남이 또 어디에 있을까.

이정귀가 이 시를 지었지만 이날 계원들이 모여 서로 차운하며 주고 받은 시가 〈갑계첩〉에 실려있다. 이렇게 행복한 회갑잔치 후에 계모임의 명단을 정리할 일이 생겼다. 1630년 가을에 안경安澴. 1564~?이 계모임의 일을 맡아 처리할 때 역적으로 처형된 세 명의 이름을 삭제했다. 김질간金質幹은 1621년 4월, 유희분柳希奮은 1623년 4월, 정영국鄭榮國은 1623년 5월에 처형되었다. 이호신은 이 일을 일컬어 좋은 일이 있으면 나쁜 일도 있고, 오는 자를 막지 못하는 실수는 선현도 면하기 어려울 텐데 무엇을 탓하겠냐고 말했다.

1630년이면 계원들의 나이가 67세다. 죄를 지어 처형을 당해 목숨을 잃은 사람이 아니더라도 연로하여 세상을 떠난 사람들이 많았다. 이호신은 한마음으로 교우를 맺은 사람이 서른 명도 넘으니, 하나의 첩에 차례대로 이름을 쓰고 근심과 즐거움을 함께 하며 오래도록 변하지 말자고 약속했다.

갑자생 동갑계 계원   甲子同庚契

남은 사람 몇인가   餘存復幾人

어린 시절 놀던 때 어제 같은데   竹蔥猶昨日

늙은 몸으로 또 올봄을 맞네   衰白又今春

다시 저승과 이승의 이별을 견디니	更忍幽明別
골육의 육친 잃은 듯하네	如亡骨肉親
청산의 한 줌 흙으로 묻힌 곳	靑山一抔土
멀리 바라보니 눈물이 수건 적시네	極目淚盈巾

이정귀는 계원 어몽린魚夢麟이 세상을 떠나자 그의 죽음을 위로하는 만사挽詞를 지었다. 어몽린은 이정귀와 같은 동촌 출신의 오동계 계원이었다. 동촌기동대라 불리는 오동계 계원은 모두 갑자생甲子生이다. 그래서 첫 구절에 갑자생 동경계 계원이라는 것을 밝혔다. 동경同庚은 동갑同甲이라는 의미로, 대개 동갑내기들끼리 친목을 도모하기 위해 계를 만들어서 동경계가 많은 편이다.

어릴 적 같이 놀던 오동계 계원 어몽린이 먼저 저 세상으로 떠나니 노쇠한 몸으로 남은 이정귀는 친구가 묻힌 무덤을 바라보며 눈물을 흘렸다.

오동계 계원 조문영趙文英이 세상을 떠났을 때도 만사를 지었다. 동갑끼리 맺은 동촌 계원 열두 명이 어린 시절 놀던 때가 엊그제 같은데 상여 끈을 잡게 된 슬픔을 나타냈다. 허물어져 가는 집과 새로 생기는 무덤을 보며 옛 친구들이 사라져가는 것을 보고 눈물을 흘리지 않을 수 없었다. 함께해 온 시간이 길고 온갖 일을 같이 겪었던 사이라 그리움이 더했을 것이다.

선비들의 계모임을 계회契會라고 하는데, 대개 젊은 시절에 맺는 경우가 많다. 동갑끼리의 계모임인 동경계회同庚契會는 그 생년을 따서 갑자동경계, 임술동경계, 병자동경계 등으로 부르지만, 오동계처럼 따로 의미를 두어 이름을 만들기도 한다. 동경계는 동갑계^{同甲契}라고도 부르는데, 줄여서 갑계^{甲契} 또는 갑회^{甲會}라고 한다.

오동계의 계원들은 동갑이니 같은 나이에 겪는 일이 비슷했을 것이다. 혼인도 몇 년 차이를 두고 비슷한 나이에 했을 테고, 비슷한 나이에 과거 공부도 하고 급제도 했을 것이다. 자식을 얻고 손자를 얻는 것도, 늙어가는 것도 비슷하게 겪을 테니 그 어떤 계모임보다 관계가 돈독할 수밖에 없다.

계모임은 15세기 후반부터 16세기 전반까지 매우 활발했는데, 동갑계의 형식으로 크게 유행했다. 같은 해에 태어나서, 같은 해에 과거 시험에 합격해서, 같은 해에 관직에 올라서…, 이렇게 공통점을 찾아 계모임을 만들었다.

계원들끼리 계모임을 갖게 되면 회칙이 필요한데, 오동계에도 회칙이 있었다. 1600년에 계회를 잘 운영하기 위해 〈계헌육조^{契憲六條}〉를 만들었다. 계원들은 회비를 내고 가족의 상을 돕고 관직의 이동을 축하하는 등 온갖 경조사를 힘써 돕는다는 것이 기본 내용이다.

예를 들어 상을 당하면 바로 계모임의 회장인 유사^{有司}가 계원들에게 회문^{回文}을 돌리고 계원들은 쌀 한 말을 상가로 보낸다. 그리고 계원은 발인할 때 문밖까지 호송한다. 계원이 지방에 부임하는 경우에는 한데 모여 술과 안주를 가지고 송별회를 해준다. 사람 사는 게 예나 지금이나 크게 다르지 않다.

계모임이 있을 때는 계원들이 돌아가면서 술과 안주를 준비한다. 대신 너무 잘 차리지는 않는다. 또 이유 없이 빠지거나 자주 빠지는 등 불성실

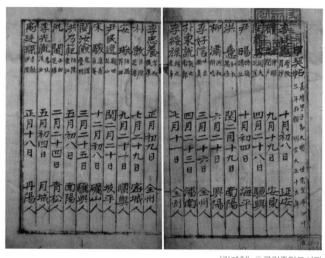

〈갑계첩〉 ⓒ국립중앙도서관

한 태도를 보이면 벌칙을 주기도 한다. 그렇다고 대단한 벌칙은 아니고 술과 안주를 가져오는 등의 가벼운 것이다.

계모임을 할 때마다 그것을 기록으로 남긴다. 그날 참석한 사람과 주고받은 시문을 글로 남기는 것 외에 그림으로도 남긴다. 이것을 계회도契會圖라고 하는데 기로회의 계회도는 상대적으로 많이 남아 있는 편이다. 오동계도 계회도를 남겼을 법한데 현재는 전해지는 것이 없다. 오래 계모임을 유지했는데 계회도 하나 남아 있지 않은 것이 아쉽다. 임진왜란과 병자호란의 난리 속에서 무엇이 온전하게 남아 전해질 수 있었을까.

계모임은 또 다른 의미의 문학 모임이다. 평생 글을 짓고 공부하는 선비들이 같은 또래들끼리 모여 글을 짓고 토론하며 문학적 능력을 기른다. 계모임에서 서로 글을 짓는 문회^{文會}를 하는데, 이 글을 모아 첩^帖이나 축^軸으로 만든 것을 계회첩, 또는 계첩이라고 하고 계회축이라고도 한다.

계원들이 모임을 가질 때마다 글을 지었으니 계모임이 이어질수록 글도 많이 쌓일 것이다. 이렇게 모인 글을 계회첩이나 계회축으로 만들고 나면 계원이 아닌 외부의 문인에게 서문이나 발문 같은 것을 받아서 기념했다.

동촌기동대의 오동계도 계회첩을 만들었는데, 동갑들의 계모임이라 '갑계첩^{甲契帖}'이라고 한다. 이정귀를 비롯해 쟁쟁한 문인들이 구성원이었던 오동계였기에 이 갑계첩은 문학적으로 대단한 의미가 있다.

> 병자호란으로 계적^{契籍}이 흩어져 없어졌는데, 여러 공의 자손들 중에 아무도 그 자취를 찾을 수가 없었다. 몇 년이 지난 뒤에 박지포^{朴芝圃}공의 손자 현감 아무개가 좌목^{座目} 한 첩과 서로 주고받은 시 몇 편을 안근전^{安近田}공의 서얼 후손의 집에 있는 정리 안된 원고 속에서 찾아내어 비로소 세상에 유포되었다. 경진년(1880, 고종 17)에 부제학^{副提學} 송공^{宋公}의 후손 송규회^{宋奎會}가 그 계적을 모아 손보고 윤색하고 간행하여 길이 보존할 계책으로 삼았으니, 그 마음 씀씀이가 또한 도탑다.

이 글은 〈가정갑자갑계첩^{嘉靖甲子甲契帖}〉의 발문^{跋文}이다. 가정갑자계는 오동계를 말한다. 오동계 계원들이 모두 갑자년 동갑인데다, 그해의 연호가 가정^{嘉靖}이기 때문에 가정갑자계라고 불렀다. 이 오동계의 갑계첩이 전쟁으로 사라지자, 계원이었던 박순^{朴淳}의 손자 박렴^{朴濂}이 오동계 계원들의 후손가를 찾아다니며 혹시라도 남아있을지 모르는 갑계첩을 수소문했다. 그러다가 오동계 계원인 안경^{安璥}의 아들 안극가^{安克家}의 집에서 갑계첩을 발견하여 다시 세상에 보일 수 있었다.

이 글은 갑계첩이 다시 세상에 나오게 된 내용을 담고 있는데, 오동계의 계원 유숙^{柳潚}의 9세손 유중교^{柳重教}가 쓴 글이다. 송규회가 같이 계를 맺었던 집안의 후손인 유중교에게 발문을 요구해서 써 주었다고 한다. 유숙은 이 글을 쓰면서 이전 시대 풍속의 아름다움을 생각하고 조상이 교유하던 즐거움에 감격하면서도, 온전히 보존되어 내려오지 못하고 여러 곡절을 겪은 갑계첩을 보며 문득 안타까운 마음을 금할 수가 없었다고 했다.

나는 이정귀의 후손인 노촌 이구영 선생님께 글을 배울 때 갑계첩의 복사본을 받은 적이 있다. 중요한 것이라고 하여 너무 깊이 잘 보관한 탓에 아직도 찾지 못하고 그 내용을 국립중앙도서관에서 봐야 했다. 이구영 선생님께서 갑계첩을 보여주시며 자랑스러워하셨는데 그때 나는 그것의 소중함을 잘 알지 못한 채 그저 중요한 자료라고 깊이깊이 보관할 줄만 알았다.

동촌기동대는 당시에 어디에도 없었던 특별한 아이들의 모임이었다. 이 아이들은 자라서 조선의 대문장가가 되고 나라를 경영하는 훌륭한 관리가 되었으며 임진왜란 때 외교전선에 나가 나라를 구했다. 동촌기동대 이후로 동촌에서는 특별한 계모임이 계속 이어졌다.

동촌의 대동단결,
낙동계(駱東禊)

이정귀는 12살 때부터 동촌에서 동갑내기 친구들과 계모임을 만들어 계원의 숫자를 늘려가며 오래도록 기쁨과 슬픔을 같이 했다. 일명 오동계五同禊라고 불리는 이 계모임은 동촌에서뿐만 아니라 조선에서 이름을 알렸다. 그런데 동촌에는 오동계 이후에 또 다른 계모임이 만들어졌다.

낙산 아래 세 개의 방坊이 있고 방마다 계禊가 하나씩 있는데 오래된 일은 아니다. 예전에는 하나로 합쳐 있었는데 합쳤다가 나누어지고 나누어졌다가 다시 합치는 것이 여러 번이었다. 난리 후에 일이 많아 회복할 겨를이 없었다. 계미년(1643) 가을에 세 계의 사람들이 일제히 이렇게 말했다.

"우리는 한 동네에 살지만 사는 곳이 같고 계가 다르니 아름다운 일이 아니다. 비록 옛날에 합하지 않았던 사람들도 함께 할 만한데, 하물며 옛날에 함께한 사람들이야 말해서 무엇하겠는가."

그리하여 문서를 갖추어 관에 알리고 세 방을 합해 하나의 계를 만들었다. 계원이 모두 50여 명이니 성대하다. 남쪽 두렁에서 북쪽 두렁까지 사계절의 즐거움이 모두 있고 지팡이 짚고 짚신 신고 서로 찾아다니기도 하고 술병 들고 서로 만나러 가기도 한다. 서로 허물 없이 친하게 지내고 윗사람 아랫사람이 함께 즐거워하는 것이 어찌 춘추수계春秋修禊의 모임뿐이겠는가. 낙사洛社와 진솔회眞率會의 고사, 그리고 여씨향약呂氏鄕約의 남은 뜻이 오늘 다시 행해지려 하니 이 계회가 흩어졌다 다시 합해지는 것이 어찌 풍교風敎와 관계있지 않겠는가. 드디어 이 글을 써서 낙동계의 서문으로 삼는다.

낙산 아래 세 동네에 계모임이 각각 하나씩 있었는데 하나로 합쳐지고 다시 나누어지고 또다시 합쳐지기를 반복하다가 1643년에 하나로 합치자고 선언을 했다. 말로만 하는 선언은 의미가 없으니 문서를 만들어 관에 보고도 했다고 한다. 이 계모임의 이름은 동쪽 낙산의 계모임이란 뜻으로 '낙동계駱東禊'라고 불렀다.

이 글은 조선 중기의 문인 이명한李明漢, 1595~1645이 쓴 〈낙동계첩서駱東禊帖序〉다. 낙동계를 만드는 데 주도적으로 나선 사람은 이정귀의 큰아들 이명한이었다. 그는 동촌에 사는 50여 명의 문인들과 모임을 만들었다. 대부분의 계회가 열 명 내외의 계원으로 구성되는 것에 비해 계원이 50여 명이라면 상당히 큰 규모다. 동촌에 있는 방 세 곳이 모여 이루어진 것이라 해도 정기적으로 모임을 갖고 지속적인 활동을 하는 인원이 50여 명이려면 상당히 가까운 관계여야 하지 않았을까?

낙동계는 경관 좋은 동촌의 모임이니 계절마다 달라지는 낙산의 아름다움과 흥덕동천의 맑은 물을 계원들과 실컷 즐길 수 있었을 것이다. 계원들이 서로 찾아다니며 모임을 이어간다면 어찌 옛날에 있던 수계^{脩楔}뿐이겠냐면서 낙사^{洛社}와 진솔회^{眞率會}의 고사^{故事}를 들었다.

수계는 진^晋나라 왕희지^{王羲之}가 회계^{會稽}의 산음^{山陰}에 있던 난정^{蘭亭}이라는 정자에서 문인들과 모여 시회를 하며 만든 난정시사^{蘭亭詩社}고, 낙사는 송나라 문언박^{文彦博}이 서도 유수^{西都留守}로 있을 때, 백거이^{白居易}의 구로회^{九老會}를 본떠서 낙양에서 만든 낙사기영회^{洛社耆英會}다. 또 진솔회는 송나라 사마광^{司馬光}이 벼슬에서 물러나 낙양에 살면서 나이 많은 문인들과 결성한 모임이다.

낙동계는 문인들이 모여 만든 계회를 한다는 것과 나이 많은 사람들이 모이는 계회의 의미를 가지고 있다. 여기에 여씨향약과 같은 마을 공동체의 의미도 포함하였다.

여씨향약은 송^宋나라 때 남전^{藍田}에 살던 여대충^{呂大忠}·여대방^{呂大防}·여대균^{呂大鈞}·여대림^{呂大臨} 형제 네 명이 마을 사람들과 함께 서로 지키기로 약속한 규범이다. "덕업을 서로 권하고[德業相勸], 과실을 서로 바로잡아 주며[過失相規], 예의 바른 풍속으로 서로 사귀고[禮俗相交], 근심스럽고 어려울 때 서로 구휼한다[患難相卹]"라는 네 가지 조목은 이후 향약의 기준이 되었다.

이것으로 볼 때 낙동계는 동촌에 사는 문인들의 모임이기도 하면서 동

〈낙산정〉

촌 사람들의 마을 향약 역할을 했다고 볼 수 있다. 다른 계회도 지켜야 할 조목을 마련하는데, 내용은 크게 다르지 않다. 모이는 날을 정해 회비를 내고, 어려운 일은 서로 돕고 즐거운 일에 함께 기뻐하는 것은 기본이다. 그러나 낙동계는 서로 뜻이 맞는 사람들끼리 만든 모임이기 전에 동촌에 사는 사람들이라는 지역적 의미가 중요하게 깔려 있다.

이명한은 아버지 이정귀의 오동계에 이어 동촌 사람들과 함께 낙동계를 결성했다. 낙산 아래 3개의 방이라고 했는데, 이는 좁은 의미의 동촌을 뜻한다. 그렇다면 낙동계의 계원은 누구일까 궁금해진다. 먼저 주축이 된 이명한과 교유한 사람들 중에서 동촌에 사는 사람들을 꼽아볼 수 있다.

조익趙翼, 1579~1655, 신익상申翼相, 1634~1697, 홍서봉洪瑞鳳, 1572~1645, 신익성申翊聖, 1588~1644, 장유張維, 1587~1638, 박미朴瀰, 1592~1645, 이성구李聖求, 1584~1644년, 이식李植, 1584~1647 등이 있다. 조선 중기 한문사대가는 월상계택月象谿澤이라 불리는 월사月沙 이정귀, 상촌象村 신흠, 계곡谿谷 장유, 택당澤堂 이식이다. 낙동계의 계원 중에 한문사대가로 꼽히는 장유와 이식이 포함되어 있고, 한문사대가 이 정귀의 아들 이명한과 신흠의 아들 신익성도 있다. 또 이성구는 이수광의 아들이다. 당시 문장으로 이름 높은 사람들이 다 모여 있다.

이들이 동촌에 살았다고 해서 모두 낙동계의 계원이라고 할 수는 없지 만 낙동계의 계원이 50여 명에 이를 정도였다고 하니 서로 반목하는 사이 가 아니라면 함께 모임을 했을 가능성이 있다. 특히 낙동계는 수계나 진 솔회 등의 유명한 계회를 본받았다고 하면서 여씨향약의 남은 뜻을 이어 가자는 취지를 나타냈으니 동촌에 살면서 낙동계에 참여하지 않을 이유 는 없을 것 같다.

또 동촌에 오랫동안 대를 이어 살았던 사람들은 본인뿐만 아니라 그 자 손들까지도 자연스럽게 낙동계에 참여하게 되었을 것이다. 이명한만 해 도 동생 이소한李昭漢과 8상八相으로 불리는 아들과 조카가 동촌에 살았으니 모두 낙동계의 계원이 아니었을까?

동촌에는 이정귀 집안이 대대로 살았을 뿐 아니라 혼맥과 학맥도 복잡 하게 얽혀 있어 동촌에 살았던 인맥으로 낙동계의 계원을 따져볼 필요가 있다. 동촌에 살고 있고 아버지가 낙동계의 회원이라면 그 자손들도 저절 로 계원이 될 가능성이 높다.

〈남지기로회도〉
ⓒ문화재청

을유년(1645) 3월 17일, 인평대군이 사은사謝恩使로 북경에 가기 이틀 전에 한동네 사람들이 일제히 모였다. 각각 술을 한 잔 들어 이별을 하니 곧 계회의 고사故事다. 술이 거나해지자 인평대군이 시를 짓게 하니 황공하여 감히 표현할 수 없었다. 물러나 칠언의 근체시近體詩 한 수를 써서 삼가 재배再拜하고 올린다.

이명한은 1645년 3월 17일에 낙동계 계원들과 함께 모였다. 인평대군이 북경으로 떠나기 이틀 전이었다. 모인 장소는 구체적으로 나오지 만 동촌 최고의 누각 석양루가 있는 인평대군의 저택이었을 것이다. 동촌에 석양루를 두고 다른 곳에서 만날 이유가 있을까? 이때 계원들은 각자 술 한 잔을 마시고 이별하자고 했다. 그것이 계회의 고사라고 했다. 이것으로 보아 이 모임은 낙동계였던 것으로 보인다.

인평대군도 낙산 아래 건덕방에 석양루夕陽樓를 짓고 살았으며 동촌의 문인들과 교유하는 것을 좋아했으니 낙동계의 계원이었을 확률이 높다. 아니면 낙동계 계원들이 인평대군의 전별회를 하러 간 것일 수도 있다.

이명한이 술을 반쯤 마시자 인평대군이 시를 지으라고 했다. 낙동계의 계원들이 문장으로 명성이 높은데 이명한이 특별히 인평대군을 위해 시를 짓게 되었으니 이명한은 황공하여 감히 사양할 수가 없었다고 하면서 물러나 칠언근체시 한 수를 써서 인평대군에게 올렸다.

작년처럼 문 앞에 거마가 가득하고	塡門車馬似前年
천륜이 무엇이라 홀로 어지신가	天屬如何又獨賢
양원梁園에서 주는 간찰 부러워 예를 다하지만	禮屈梁園叩授簡
춘사春社의 모임에서 이별의 자리 슬프네	會當春社悵離筵

이명한이 인평대군을 위해 지은 시의 첫 구절에서 인평대군의 집 앞에 수레와 가마가 가득한 것이 작년과 같다고 했다. 인평대군을 전별하기 위해 낙동계 사람들이 잔뜩 모였다는 뜻이다. 낙동계첩의 서문에 계회의 인원이 50여 명으로 성대했다고 표현했고, 낙동계를 결성한 지 2년밖에 지나지 않았으니 인평대군이 연행을 떠나는데 그 모임에 참석하지 않을 계원은 없었을 것 같다. 그래서 작년과 다름없이 올해도 많은 사람이 모였다는 것이다.

인평대군은 청나라와의 관계를 호전시키기 위해 사신으로 중국에 자주 갔다. 사신으로 중국에 가는 것은 부러운 일이지만, 왕자로서 청나라에 제대로 대접도 받지 못하며 조선을 위해 자주 사신으로 떠나는 것이 인평대군에게는 고달픈 일이었다. 이 때문에 송시열도 효종에게 왜 자꾸 동생에게 힘든 짐을 지우냐고 상소를 한 적도 있다.

세 번째 구절에서 양원梁園에 예를 다한다고 표현했는데, 서한西漢의 양효왕梁孝王 유무劉武가 화려한 원림園林을 만들어 놓고 연말에 사마상여司馬相如와 매승枚乘 그리고 추양鄒陽 등을 불러 함께 주연酒筵을 베풀고 놀았다. 그때 마침 눈이 오자 흥에 겨운 유무가 먼저 시를 짓고는 간찰簡札을 주면서 사마상여에게 시를 짓게 했다. 이때 사마상여가 〈백설부白雪賦〉를 지었다.

인평대군의 정원이 당시 서울에서 가장 화려하고 컸기 때문에 양효왕의 정원에 비유하였고, 인평대군이 이명한에게 시를 지어보라고 한 것을 양효왕이 사마상여에게 시를 짓게 한 일에 빗댄 것이다. 이명한에게는 영광스러운 일이지만, 이틀 뒤면 중국으로 힘든 길을 떠나야 하는 인평대군을 생각하니 즐거운 봄날의 모임이 헤어져야 하는 서글픈 자리로 느껴졌다.

낙동계는 지역 계모임이라 그 지역을 떠나지 않는 한 꾸준히 모임을 유지할 수 있었다. 게다가 자손이 계속 살게 되면 처음 낙동계를 조직한 사람들이 세상을 떠나도 그 후손과 후배들이 계를 이어갔을 것이다. 현재 낙동계의 첩은 남아 있지 않고 이명한의 서문만 남아 있어 낙동계의 이후 내력은 알 수 없다.

낙동계는 다른 계모임과 달리 특별한 성과를 하나 냈다. 1670년대 초반에 주조된 것으로 추정되는 금속활자인 낙동계자^{洛東契字}를 만들었다. 조선시대에 금속활자를 만드는 데에는 상당한 비용이 들어가기 때문에 개인이 만들기는 어려웠다. 낙동계자라는 것에서 알 수 있듯이 낙동계에서 만든 금속활자라고 보아야 할 것이다. 낙동계의 '낙동^{駱東}'과 낙동계자의 '낙동^{洛東}'의 글자가 다르지만 통용해서 보아야 한다.

조선시대에는 여러 종류의 계모임이 있었는데 그중에서 책을 만들어 나눠 가지는 책계^{冊契}도 있었다. 즉, 낙동계는 책계의 성격도 가지고 있었던 것이다. 임진왜란과 병자호란을 겪고 많은 책이 사라지면서 민간에서 책을 만들 필요가 있었다.

여러 군자들이 함께 규약^{規約}을 만들어 돈을 모으고 장인을 모집했다. 처음에는 활자^{活字}를 이용하여 여러 책을 간행하고 유통했지만, 얼마 지나니 간행한 책이 많지 않아 그 혜택이 널리 돌아가지 않는다고 하였다.

낙동계의 일원일 것이라 예상하는 장유^{張維}가 쓴 글이다. 계모임에서 자금을 마련하고 기술자를 모집해 활자를 만들어 책을 만들었지만 많이 인쇄할 수는 없어 혜택을 널리 베풀지 못했다고 한다. 아쉬운 일이지만 그래도 계모임에서 활자를 만들어 책을 출판한다는 것은 대단한 일이나.

낙동계에서는 낙동계자를 가지고 과거 시험의 소과^{小科} 합격자 명단을 수록한 사마방목을 간행했는데, 경자년 증광시의 합격자 명단인 『경자증광사마방목^{庚子增廣司馬榜目}』과 임자년 식년시 합격자 명단인 『임자식년사마방목壬子式年司馬榜目』두 종류가 남아있다. 또 당송팔대가의 글을 모은 『당송팔대가문초唐宋八大家文鈔』도 간행했다.

이후에 국가에서 『현종실록』을 간행하려고 할 때 금속활자가 부족해 낙동계자를 사용했다고 한다. 『현종실록』을 만드는 과정을 담은 『현종실록찬수청의궤顯宗實錄纂修廳儀軌』에 "낙동계에서 가져온 금속활자 35,830개"라고 기록해서 이 활자의 이름을 낙동계자라 불렀다 한다.

동촌의 낙산 아래에 사는 문인들 50여 명이 모여 계모임을 만들었다. 기쁜 일과 슬픈 일을 함께 하고 문학으로 교

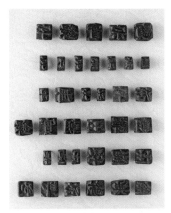

〈현종실록자〉 ⓒ국립중앙박물관

유하며 오래 끈끈한 정을 나누었다. 세월이 흘러 이제 동촌에 살던 낙동계 사람들은 그곳에 없다. 그러나 낙산은 그 자리에 남아 있다. 낙산의 옛 모습이 많이 사라져 그 풍광을 온전히 즐길 수는 없지만, 그래도 낙산의 꽃과 나무는 대를 이어 그 자리에 남아 해마다 때맞춰 꽃을 피우고 푸른 잎을 자랑하고 있다.

동촌 노인의 풍류,
홍천사(紅泉社)

1817년 4월 30일에 동촌의 낙산 아래에서 동촌 사람들을 중심으로 모임이 하나 만들어졌다. 동촌 최고의 경치라고 알려져 신대명승申臺名勝이라고 불린 신광한申光漢의 집에서 아홉 명의 문인들이 모였는데, 이 모임을 주도한 사람은 이만수李晩秀, 1752~1820다. 그는 낙동계를 만든 이명한의 5대손이며 오동계를 만든 이정귀의 7대손이다.

기대企臺의 바위 사이에 '홍천취벽紅泉翠壁'이라는 네 글자가 있는데, 강세황이 쓴 것이다. 이웃의 노인 여덟 아홉 명이 모여 백련사白蓮社와 향산사香山社의 고사를 따라 산속의 작은 모임을 결성하고, '홍천사紅泉社'라고 이름을 지었다.

……

이날은 4월의 그믐날로, 방운루放雲樓 위에 모였다. 바둑이 있고 술이 있는

데 시가 없을 수 없어 '사社'자를 들어 연구聯句 36운韻을 지었다. 이날부터 모임이 있으면 반드시 시를 지었으므로 『천사집泉社集』을 만들었다.

신광한의 집에는 우물이 있는데 우물 위 바위에 표암 강세황이 '홍천취벽紅泉翠壁'이라는 네 글자를 써놓았다. 신광한의 집은 그의 성을 따서 신대申臺라고 하고 그가 지은 서재의 이름을 기재企齋 또는 기대企臺라고 불렀다. 동촌 최고의 경치를 볼 수 있는데다 강세황이 직접 쓴 글자가 있는 곳이라 문인들이 즐겨 찾는 곳이기도 했다. 이렇게 운치 있는 곳에서 아홉 명이 모여 그곳에 있는 강세황이 쓴 글자를 따서 모임의 이름을 '홍천사紅泉社'라고 정했다.

이 글은 이만수가 쓴 〈천사집 서문[泉社集序]〉의 일부다. 중간에 생략된 부분에는 동촌에 사는 홍천사의 회원 아홉 명의 이름과 호, 나이를 열거했다. 계회의 좌목처럼 서문의 중간에 밝혀 놓았다.

홍천사의 구성원은 이만수李晩秀, 1752~1820·이낙수李洛秀, 1755~?·신진申縉, 1756~?·신

〈홍천사〉

작中綽, 1760~1828·신현申絢, 1764~1827·박종우朴宗羽, 1745~?·정수귀鄭遂龜, 1750~?·권식權拭, 1753~?·김계온金啓溫, 1773~?이다.

가장 나이 많은 사람이 73세인 박종우고 최연소자는 45세의 김계온이라고 밝혔다. 홍천사에는 백련사를 만든 혜원惠遠 법사나 향산사를 만든 여만如滿스님 같은 승려는 없지만 신진의 용모가 고요하고 마음이 넓고 커서 전생에 반야般若에서 살다 온 것 같은 생각이 들었다고 한다. 서문에서 백련사와 향산사의 고사를 본받아 만들었다고 하며 신진을 혜원법사나 여만스님에 비유하고 김계온을 기영회의 사마광 같다고 표현한 것은 노년의 모임이라는 의미를 담고 있다. 아홉 명이 계원으로 모임을 결성한 것도 구로회의 아홉 명을 따른 것이라고 할 수 있다.

당나라 백거이白居易는 만년에 벼슬에서 물러난 후 향산에 살면서 스스로를 향산거사香山居士라고 불렀다. 이때 향산의 여만如滿스님을 포함해 8명의 문인들과 함께 시 모임을 결성했는데, 처음엔 7명이 모이다가 나중에 2명이 추가되어 계원이 9명이 되자 향산구로회香山九老會라고 불렀다.

또 중국 동진東晉 때 동림사東林寺의 혜원법사가 백련사라는 모임을 만들고 도연명陶淵明에게 편지를 보내 모임에 참여하라고 초청했다. 도연명은 "제자는 본래 술을 좋아하니 법사께서 술 마시는 것을 허락한다면 즉시 가겠습니다"라고 하자 혜원법사가 허락했다. 그러나 막상 가보니 혜원법사는 도연명에게 부처님의 법을 수행하라고 권했다. 그러자 도연명은 백련사에서 탈퇴를 해버렸다.

송나라 문언박文彦博도 서도유수西都留守로 있을 때, 백거이白居易의 구로회九老

會를 본따 낙양에 있는 부필富弼 집에서 사마광司馬光 등 13명의 나이 많고 어진 사대부들을 모아 술자리를 만들어 즐겼다. '낙양기영회洛陽耆英會' 또는 '낙사기영회洛社耆英會'라고 하는데 줄여서 기영회라고도 한다. 기영회는 나이 많은 사람들이 만든 모임이다. 홍천사가 백련사와 향산사의 고사를 따라서 만들었다는 것은 나이 많은 문인들의 모임을 만들었다는 의미다.

나이가 노년에 접어들면 그제야 계회를 만드는 경우가 많다. 이명한은 이유간李惟侃, 1550~1634이 이호민李好敏·이귀李貴·서성徐渻·강인姜絪과 젊은 시절에 막역하게 사귀다가 나이가 들어 노년이 되자 드디어 계회를 만들었다고 이유간의 묘표墓表에서 밝혔다. 노년의 모임이니 진솔회의 고사를 본받고 나이대로 순서를 정했으며, 계회에 모이는 사람이 11명인데 그 자제들도 따랐다고 한다. 좋은 시절에 수레와 가마를 함께 타고 학 같은 흰머리에 비둘기가 새겨진 지팡이 구장鳩杖을 짚고 다니면서 거리를 환하게 빛내니 멀리에서 보는 사람들이 그들을 모두 부러워했다고 한다.

젊은 시절에는 각자 다른 계회가 있었을 것이다. 나이가 같은 사람끼리, 같이 과거에 합격한 사람끼리, 같이 관직에 올라간 사람끼리, 같이 독서당에 뽑힌 사람끼리…, 여러 사람이 공통점을 찾아 그것으로 계회를 만들어 활동하다가 나이가 들면 나이 든 사람끼리 노년을 의미 있게 즐기려고 계회를 만들기도 한다. 홍천사 계원들도 젊은 시절에 각각 다른 계회에 참여하다가 노년에 계회를 조직한 것일지도 모른다. 노년의 계회라고 해서 기영회 같은 흔한 이름을 쓰는 대신 동촌의 명소에 있는 의미 있는 것으로 모임의 이름을 만들었다.

45세부터 73세의 선비들이 모여 술도 마시고 바둑도 두고 시를 지으며 만년의 풍류를 즐기자고 만든 홍천사는 줄여서 천사吳社라고 한다. 홍천사 회원들은 이만수의 아버지 이복원李福源이 지은 협간정夾澗亭에서 폭포를 구경하고 방운루放雲樓에서 모임을 즐겼다. 그러나 홍천사는 그리 오래 유지되지는 못했다. 홍천사를 만든 이만수가 3년 후인 1820년에 세상을 떠났기 때문이다.

이만수는 조선시대 최초로 삼대 대제학을 이룬 이정귀, 이명한, 이일상의 후손이며 아버지 이복원李福源과 그 자신도 대제학을 지냈다. 조선시대에 문장으로는 최고라고 할 수 있는 가문의 후손으로 이정귀의 오동계, 이명한의 낙동계에 이어 자신도 동촌에서 홍천사라는 모임을 만들었다.

그런데 왜 홍천사는 이만수가 사는 연화방이 아니라 신광한의 신대에서 모임을 가졌을까? 홍천사를 주도한 사람은 이만수와 신진·신작·신현 삼형제인데, 혹시 신씨 삼형제가 신광한의 후손인 걸까? 신광한의 본관은 고령高靈이며 신씨 삼형제의 본관은 평산平山이다. 신씨 삼형제는 원래 동촌 사람이 아니다. 신현은 강화도 출생으로 경기도 광주에 살다가 나중에 벼슬이 높아지면서 1811년 1월 28일에 서울 동촌으로 이사를 했다. 이때 돈 1,150냥을 들여서 의동에 있는 신광한의 집 기대에 새집을 지었다고 한다.

이만수가 홍천사의 맹주였지만 신씨 삼형제와 함께 주도했으며 신씨 삼형제의 집이 동촌 최고의 경관을 자랑하는 신대였으니 그곳에서 모임을 가지는 게 당연해 보인다. 홍천사의 회원들은 주로 기대企臺의 방운루放

이름	자(字)	호(號)	나이
박종우(朴宗羽)	의보(儀甫)	백애(栢厓)	73
정수귀(鄭遂龜)	치명(穉明)	백경(白耕)	68
이만수(李晩秀)	성중(成仲)	극옹(屐翁)	66
권식(權烒)	계중(繼仲)	기치(碁癡)	65
이낙수(李洛秀)	광중(光仲)	송하(松下)	63
신진(申縉)	운기(雲紀)	사초(社樵)	62
신작(申綽)	재중(在中)	석천(石泉)	58
신현(申絢)	수지(受之)	실재(實齋)	54
김계온(金啓溫)	옥여(玉汝)	오헌(寤軒)	45

* 홍천사 계원

雲樓에 모여 시를 지으며 노년의 풍류를 즐겼다. 홍천사의 시는 『천사집』으로 만들어졌는데, 이 시집은 현재 전해지는 것이 없고 이만수의 문집 『극원유고展園遺稿』에 일부가 실려 있을 뿐이다.

백 년 된 기대企臺		百年企老臺
산골짜기 참으로 맑고 깨끗하네	[박종우]	林壑眞瀟灑 [栢厓]
구름은 바위에 우뚝 선 빈 누각에 머물고		雲蹋歸虛樓
묵향은 옛 기와에 남아있네	[정수귀]	墨香殘古瓦 [白耕]
여전히 처사의 집임을 징험할 수 있으니		猶徵處士廬
향인들이 누차 공경히 술잔 올리네	[이만수]	屢肅鄉人斝 [屐翁]
시냇가 양쪽엔 꽃과 나무가 있고		花木礑西東
누각 위아래엔 거문고와 책이 있네	[권식]	琴書樓上下 [碁癡]

감상하며 옛 자취 더듬어 보니　　　　　　　賞尋迷躅餘

경치가 속세의 마음 떨쳐버리기 흡족하네　[이낙수] 境愜塵心寫 [松下]

이 시는 〈천사집 서문〉에 실린 시의 앞부분이다. 시의 구절마다 뒤에 시를 지은 사람의 호가 쓰여있다. 혼자서 시를 다 짓는 것이 아니라 구성원이 돌아가며 시를 이어서 짓는데, 나이가 많은 순서대로 돌아간다. 첫 구부터 백 년 된 기대의 멋진 풍광을 노래하는데, 홍천사가 오랫동안 동촌 문인들이 좋아하며 즐겨 찾는 최고의 명소인 기대에서 열린다는 것을 알 수 있다.

　홍천사는 신씨 삼형제의 집에서 주로 열렸지만, 이만수가 모임을 이끌었던 데에는 또 다른 이유가 있다. 이만수는 문한으로 유명한 연안 이씨 명문가 출신이며 자신도 문형을 잡을 만큼 문인으로 명성을 날렸고, 조상

〈대사례도_대사례의궤〉
ⓒ서울대학교 규장각

대대로 동촌에 살았던 터줏대감이었다. 특히 정조가 극진히 아꼈던 신하였기에 홍천사의 리더로는 이만수가 적격이었던 것이다.

정조와 이만수는 같은 해에 태어났다. 그래서 정조는 이만수를 동갑이라는 의미의 '동경同庚'과 신하 '경卿'을 써서 동갑내기 신하라며 '경경庚卿'이라고 불렀다. 1796년 2월 25일에 정조가 활쏘기를 했다.

> 활쏘기를 하여 표적을 맞힐 때 옆에서 모시던 사람이 고풍古風의 종이를 내밀면 하사하는 물품을 그 종이의 끝에 적어서 주는 것이 사단射壇의 전례이다. 직학直學의 고풍에 이르러 필요한 물품이 무엇인지를 물었더니 각료가 곁에서 하는 말이, 그는 공무를 마치고 집에 돌아가면 나막신을 즐겨 신는다고 하였다. 이 일은 시속을 벗어난 것에 가까우므로 이에 나막신[木屐] 한 켤레를 하사하면서 명시銘詩 두어 구절을 적어 더러운 세속에 물들지 말라는 주의를 거듭 당부하고, 오늘 여기에 참석한 여러 관료에게 이 운자를 따라 글을 지어 각자 서로 격려하게 하노라.

임금이 활쏘기를 하여 표적을 많이 맞히면 옆에서 참관하던 신하가 축하의 글을 적어 올린다. 임금이 종이에 하사할 물건을 적어주는데 필요한 것이 무엇인지 물었다. 그때 옆에 있던 김조순金祖淳, 1765~1832이 정조에게 이만수는 집에서 나막신을 즐겨 신는다고 알려주었다. 그러자 정조는 웃으면서 나막신 한 켤레를 하사하고 명시銘詩 8구를 지어주었다. 거기에서 그치지 않고 참석한 신하들에게도 운자를 따라 글을 지으라고 했는데 『홍재전서』에 그 내용이 실려 있다.

이만수의 문집에는 정조와 이만수를 포함해 모두 30명이 정조의 나막신 하사에 대한 글을 썼는데 〈갱재명賡載銘〉의 이름으로 실려 있다. '갱재賡載'는 임금의 노래에 화답하여 지은 시가詩歌라는 뜻인데, 『서경書經』에 순舜 임금의 노래에 뒤이어 신하 고요皐陶가 임금의 현명함을 칭송하면서 한편으로는 경계시키는 노래가 나온다.

이만수의 문집에는 김조순을 비롯해 심환지, 윤행임, 박제가, 유득공, 성대중 등 당대 유명한 문인들의 이름이 이어지는데 정조를 포함해 25개의 갱재명이 있다. 이해 겨울에 초계문신抄啓文臣에게 직접 시험 문제를 내는데, 주제가 이학사의 나막신에 대한 명銘이었다. 이만수는 정조의 은혜에 감동하며 이때부터 호를 나막신 노인이라는 의미로 '극옹屐翁'이라 하고 자신의 집을 극원屐園이라고 했다.

또 1796년에 정조의 어진을 그리는 일이 있었는데, 이때 감독한 규장각 각신 네 명의 화상도 그리게 했다. 네 명의 신하는 이만수, 서용보徐龍輔, 이시원李始源, 남공철南公轍이었다. 정조는 이만수를 신임하며 아꼈는데, 정조가 그의 문장을 특히 아껴 문체를 정비하는 데 이만수의 힘이 필요하다고 생각했다. 그러니 시를 짓는 모임 홍천사에서도 이만수가 리더가 되어야 했다.

홍천사는 서로 시를 지으며 문학으로 교유하는 즐거움을 누렸던 동촌 사람들의 모임이다. 특히 당대 문단의 주축이 되었던 문인들이 인생의 노년을 맞아 경치 좋은 곳에서 좋은 사람들과 모여서 태평성대가 오기를 기원하며 문학을 노래했다.

뿌리 깊은 나무,
동촌 이씨(東村李氏)

동촌의 대표적인 계회가 오동계, 낙동계, 홍천사라고 한다면, 그 모임을 주도한 사람은 이정귀, 이명한, 이만수다. 이들은 동촌에 오래 살았던 연안 이씨 가문의 사람들이다. 조선 중기 한문사대가의 영수인 이정귀가 이름을 알렸지만, 이정귀에 앞서 연안 이씨를 최고의 가문이 될 수 있도록 한 사람은 이석형李石亨이다. 조선시대 최초로 과거에서 일 년에 세 번 장원을 해 삼장원三壯元으로 불리던 그는 동촌의 연화방에 살았다. 이석형의 후손들이 대를 이어 오랫동안 동촌에 살았기 때문에 이곳에 사는 이석형의 후손들을 동촌 이씨라고 한다.

한양의 동쪽, 낙봉駱峯의 기슭이 바로 우리 동네다. 산으로 둘러싸인 4, 5리에 숲과 골짜기가 깊으며, 시내가 북쪽으로부터 마을을 감싸고 남쪽으로 졸졸 흘러 끊이지 않는 것은 반수泮水의 물줄기다. 시내를 따라 좌우로 옛날에는 명원名園이 많았는데, 지금은 남아 있는 것이 없다.

이정귀가 〈송월헌기松月軒記〉에서 자신이 사는 동네를 묘사한 글이다. 낙산이 있고 반수가 졸졸 흐르는 동네. 이 반수의 물줄기를 이용해 이석형이 계일정戒溢亭을 지었다고 한다. 이석형의 후손 동촌 이씨 중에서 제일 먼저 연안 이씨를 명문가로 자리매김하게 만든 사람은 이정귀다. 그를 시작으로 한 후손을 관동파館洞派라고 하는데 동촌 이씨와 같은 의미로 쓰인다.

왜 관동파라고 했을까? 이정귀가 관동에 살았기 때문이다. 관동은 관館이 있는 동네라는 뜻인데 성균관이 근처에 있어 관동이라고 한다. 성균관의 동쪽을 에워싸고 있는 반수泮水의 서쪽이 관동이다. 『신증동국여지승람』에 이정귀의 집이 연화방이라고 밝혀 놓았는데, 아마도 관동은 연화

〈관동_도성도〉ⓒ서울대학교 규장각

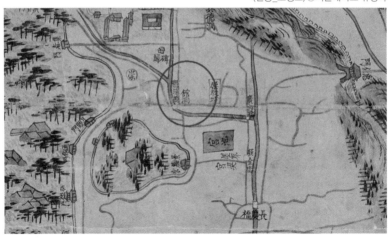

조선의 핫플레이스, 동촌

방 내에서 위쪽에 해당하는 것으로 보인다.

서울 지하철 4호선 혜화역 4번 출구로 나오면 바로 이정귀의 집터라는 표지가 보인다. 그전에는 성균관대학교 입구에서 내려와 버스정류장이 있는 큰 도로를 건너 서울대학교 병원 방향으로 조금만 가면 이정귀 집터라는 표석이 있었다. 2006년에도 표석이 그 자리에 있다가 혜화역 쪽으로 옮겨진 것이다. 경모궁 옆에 이정귀의 집이 있었다고 하니 예전의 그 자리에서부터 지금 혜화역이 있는 곳까지 이정귀의 집이 있었던 것이 아닌가 싶다.

관동파의 시조라고 할 수 있는 이정귀는 선조·광해군·인조대를 살았던 명신으로 특히 문장으로 이름을 알렸다. 임진왜란 시기에 명나라 정응태丁應泰의 무고에 나라가 위태로워지자 〈무술변무주戊戌辨誣奏〉를 작성해 위기에 처한 나라를 구해 '구국의 문장가'라고 불렸다. 이 글로 인해 당시 조선은 물론이고 중국에까지 문장으로 유명해졌다. 이정귀가 중국에 가면 중국인들이 국경에서부터 그를 만나기 위해 줄을 서고 사신의 숙소에 매일 찾아와서 기다리며 글을 받아 가고 싶어 했다. 요즘의 한류스타에 뒤지지 않을 명성과 인기를 얻었으니 조선시대 최초이며 최고의 한류스타라고 할 만하다.

"일찍부터 풍문을 듣고 그대를 흠모해 온 이들도 적지 않았습니다. 그래서 책상에 놓인 시편을 보여주었더니 서로 돌아가며 한번 읽어보며 아쉬운 대로 그대와의 만남을 대신할 만했습니다"

〈이정귀 집터〉

"학사學士 왕휘汪煇가 공의 시를 얻어 간행하였는데, 서승署丞 섭세현葉世賢이 사명을 받들고 전남滇南으로 갈 때에 그 판본版本을 가지고 '강남에 이를 널리 배포하여 향리의 영예로 삼겠다'라고 하였다."

1620년 이정귀가 북경에 갔을 때 명나라 문인들이 이정귀의 개인 문집을 보고 싶어 했다. 당시 명나라에서는 수시로 개인 문집을 출판할 수 있었지만 조선에서는 가능한 일이 아니었기에 이정귀는 개인 문집이 없다고 설명했다. 그럼에도 불구하고 어떻게든 이정귀의 글을 보고 싶어 하는 중국 문인들이 많았다. 이정귀는 북경 오는 길에 쓴 시 100여 수를 보여 주었다.

그러자 중국의 춘방 학사 왕휘汪煇가 굉장히 기뻐하며 직접 서문을 쓰고 서승 섭세현葉世賢이 나서서 출판을 했다. 왕휘는 서문에서 이정귀의 시를 "조식曹植과 유정劉楨보다 월등하고 이백李白과 두보杜甫를 능가하며, 한漢과 위魏의 수준을 넘어서고 삼당三唐보다 낫다"라고 극찬했다. 중국 역대 유명한 문인들의 이름을 거론하며 이정귀의 문학을 칭송한 것이다. 이렇게 해서 이정귀는 조선 문인 최초로 중국에서 책을 출판하게 되었다. 이 일은 이정귀 개인에게도 영광스러운 일이지만 조선의 문학을 중국에 알리는 소중한 기회였다.

이정귀는 대제학을 역임했고 아들 이명한李明漢. 1595~1645과 손자 이일상李一相. 1612~1666도 대제학을 했다. 조선시대 최초로 아버지와 아들, 손자가 삼대를 이어 대제학을 했는데 이것으로 이정귀의 집안은 명문가로 우뚝 섰다. 이 기록은 100년이 지나고 나서야 광산 김씨가 이어갔다.

이정귀에게는 두 아들이 있었는데 큰아들이 이명한이며 둘째 아들이 이소한李昭漢. 1598~1645이다. 이명한과 이소한 역시 동촌에 살았는데, 둘 다 문장이 뛰어났다. 이명한은 한성시에 장원으로 합격하고 홍문관을 거쳐 독서당에 선발되었으며 대사간, 도승지, 대사성 등 청요직을 두루 역임했다. 그도 아버지 이정귀에 이어 대제학을 역임했다.

공은 말을 배울 때부터 문자文字를 알았다. 일찍이 문충공(이정귀)이 『한서漢書』를 읽을 때 공이 마침 무릎 위에 앉아 있다가 그 뜻을 묻고 나서는, 아무리 방대한 대문이라도 돌아앉아서 하나도 빠뜨리지 않고 외웠으므로, 당시에 신동神童으로 일컬어졌다.

나이 15세에 진사시進士試에 합격하자, 고관考官들이 저마다 공을 한번 보고자 하여 불러서 앞으로 오게 하고는 초서草書로 된 방목榜目을 쓰게 하니 공이 붓을 휘둘러 단숨에 다 썼으며, 집에 돌아와 문충공을 모시고는 방인榜人 2백 명은 물론 그들의 아버지 이름과 거주居住까지 외우니, 좌중에 있던 사람들이 다 놀랐다.

이 글은 송시열이 쓴 이소한의 신도비명神道碑銘의 일부다. 이소한은 어릴 때부터 기억력이 좋기로 유명해 신동이라고 불렸지만 기억력 못지않게 문장이 뛰어난 것으로도 유명하다. 게다가 글씨에도 조예가 깊었다고 한다. 이명한과 이소한 형제는 서로 시를 주고받은 것이 문집에 많이 남아있을 정도로 남다른 우애를 자랑했다. 이정귀와 그의 두 아들이 모두 문장으로 명성을 얻어 이들을 조선의 삼소三蘇라고 불렀다. 송나라 문인 소순蘇洵과 그의 두 아들 소식蘇軾, 소철蘇轍에 비유한 것이다.

이정귀의 외손자 며느리인 정명공주 집에 신부를 맞아들이는 잔치를 하는데 여러 재상집 부녀자들이 화려한 복장으로 잔치에 참여했다. 어떤 늙은 부인이 거친 삼베로 만든 저고리와 무명 치마를 입고 마루에 오르자 정명공주가 신을 거꾸로 신고 내려가 맞으니 모두 의아해했다. 잔치가 끝나고 늙은 부인이 먼저 일어나려 하는데 공주가 만류하자 이렇게 말했다.
"저희 집 대감이 약원도제조藥院都提調로 새벽에 대궐로 갔고 큰 아이는 이조판서로 출근했으며 둘째 아이는 승지로 입직入直했으니 어서 집에 가서 저녁밥을 준비해야 합니다."

이 이야기는 『대동기문大東奇聞』에 나오는 이정귀의 부인에 대한 일화인데, 부인의 검소함과 함께 이정귀와 그의 두 아들이 당시에 얼마나 대단했는지를 알려주고 있다. 이정귀와 두 아들이 활약할 때부터 동촌 이씨는 문장가로서의 명성을 뿌리내리기 시작했다.

이명한과 이소한은 각각 아들을 네 명씩 낳아 이정귀는 모두 여덟 명의 손자를 두었다. 이 손자 여덟 명도 문장으로 유명해 8상八相이라고 불린다. 박학다식하고 인격이 고결한 후한後漢의 명현名賢 순숙荀淑에게 아들 여덟 명이 있었는데, 모두 총명하여 사람들이 8룡八龍이라고 불렀다. 이정귀의 손자 8명도 순숙의 훌륭한 아들 8명에 빗대어 8상이라고 한 것이다.

8상 중에서 장손인 이일상은 17세의 나이에 과거에 급제해 천재라고 불렸으며 할아버지와 아버지의 대를 이어 대제학을 역임하면서 조선 최초로 삼대가 대제학을 하는 가문이 되었다. 8상 역시 동촌에 살았는데 이일상·이가상李嘉相·이만상李萬相·이단상李端相·이은상李殷相·이홍상李弘相·이유상李有相·이익상李翊相이다. 8상 모두 한 사람도 빠짐없이 문과에 급제해 3대에 걸쳐 모두 문과 급제자를 배출하는 기염을 토하기도 했다.

공의 가문과 문장은 실로 훌륭하다. 처음에 저헌樗軒(이석형) 문강공文康公이 세종世宗과 문종文宗 시대에 세 번의 장원급제로 이름을 날렸고, 4대가 지나 월사月沙(이정귀) 문충공文忠公에 이르러서는 문장이 국내에 유행했을 뿐만 아니라 천하 사람이 다 암송하였는데, 이분은 공의 조부이다. 공의 선고先考 현주공玄洲公(이소한)과 백부 백주공白洲公(이명한)은 모두 선대의 사업을 잘 이어받아 넓혔고, 두 분이 각자 둔 네 명의 아들들은 모두 막상막하의 재능으로 영예를 다투며 당대의 장관壯觀을 이루었다. 그중에 비록 한둘이 요절하긴 했지만 그들도 뛰어난 재능을 드러내었으니, 아, 어

*찌 성대하지 않은가. 그러나 당대에 이씨*李氏*를 논하는 자들은 모두 공을*
첫째, 둘째로 꼽았고 공의 형제들조차 모두 자신들은 공보다 못하다고
하였으니, 공의 수준이 쉽지 않은 것임을 알 수 있다.

김창협金昌協이 이정귀의 손자 8상 중 한 명인 이은상의 문집 『동리집東
里集』에 써준 서문이다. 이은상의 가문과 문장이 당대에 얼마나 대단했는
지 알 수 있다. 이석형이 조선 최초로 한 해에 세 번 장원을 하여 3장원이
라 불렸고 이정귀와 그의 아들 이명한과 이소한은 뛰어난 문장으로 3소三
蘇라 불렸으며 이정귀의 손자 8명도 학문과 문장으로 이름을 알려 8상八
相이라 불렸다. 이 모든 것이 한 집안에서 이루어낸 성과라는 것을 믿기 어
려울 정도다.

손자 8상이 활약하면서 동촌 이씨의 전성기는 절정에 달했다. 1683년
에 8상의 시를 모아 책을 엮었는데 그것이 『이씨연주집李氏聯珠集』이다. 당唐
나라 때 시문詩文에 뛰어난 두군竇群에게 두상竇常·두모竇牟라는 형이 있었고 두
상竇庠·두공竇鞏이라는 동생이 있었다. 모두 시문에 뛰어났다. 당시 사람들이
두 씨 다섯 형제가 오성五星처럼 빛난다고 하여 '오두연주五竇聯珠'라고 불렀으
며, 그 시집을 『두씨연주집竇氏聯珠集』이라고 한다. 여덟 형제의 훌륭한 시문
을 엮은 『이씨연주집』도 여기에서 비롯된 것이다.

이 책은 동촌의 호동壺洞에 살았던 남용익南龍翼이 만들었는데 그는 이정
귀 집안과 대대로 가문끼리 교유하고 있었다. 남용익은 『이씨연주집』의
서문에서 이 책을 만들게 된 이유를 이렇게 말했다.

우리나라의 명문별열은 순씨荀氏의 8용八龍에 비해 문채가 더 뛰어나니 그 성대함이 어떠한가. 8인이 모두 시고詩稿가 있어 후대에 보일 수 있기에 예원藝苑의 여러 군자들이 서로 의논하여 말하기를 "연안 이씨의 성대함은 옛날에도 비교할 바가 없었으니 이석형으로부터 이소한에 이르기까지 모두 문집이 세상에 전한다. 그런데 8상의 시문이 유독 전하지 않으니 어찌 사문斯文의 성대한 일에 흠이 있다고 하지 않겠는가."

남용익은 이정귀의 손자 8상을 후한後漢 때 순숙荀淑의 뛰어난 여덟 아들에 비교하면서 문장으로는 더 낫다고 했다. 동촌 이씨의 시조라 할 수 있는 이석형부터 이정귀와 그 두 아들의 문집이 모두 남아 있지만, 유독 8상의 시문만 전하지 않아 김수흥金壽興·김수항金壽恒과 상의하여 『이씨연주집』을 만들게 되었다고 한다.

동촌의 송동에 살았던 송시열은 『이씨연주집』에 대해 발문을 세 번이나 썼고, 김수흥金壽興과 박세채朴世采도 글을 남겼으며, 유한준兪漢雋, 1732~1811도 동촌 이씨 이민보李敏輔, 1720~1799의 시고詩稿에 서문을 쓰면서 어릴 때 『이씨연주집』을 읽고 그 문장의 성대함을 느꼈다고 했다.

공이 나에게 보여주며 서문을 부탁했다. 공은 연안인으로 집안 대대로 문장으로 현달했다. 내가 젊을 때 연안 이씨 연주집을 읽었는데. 그 시문의 성대함을 보았다. 문사를 배울 때 동계東溪 조귀명趙龜命과 진암晉菴 이천보李天輔 두 분의 시를 흠모했다고 들었다. 이제 공이 또 일어나 시로써 두

분을 계승하니 가학家學이 빛나는 것이 이와 같다.

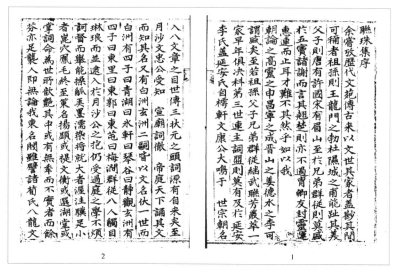

〈이씨연주집 李氏聯珠集〉 ⓒ국립중앙도서관

유한준俞漢雋은 이정귀의 후손 이민보李敏輔, 1717~1799의 시집에 서문을 써주며 그의 훌륭한 시문이 가학에서 연유한 것임을 알겠다고 했다. 유한준은 『이씨연주집』을 편찬한 남용익의 증손자 남유용南有容의 제자다. 그래서 오래전에 『이씨연주집』을 볼 수 있었던 것이다.

이정귀가 1635년 1월에 동촌 관동의 집에서 병으로 누워있자 인조가 내의內醫를 파견하여 곁을 떠나지 말고 간호하라 명했고, 왕세자는 궁관宮官을 계속 보내면서 병문안을 했다. 그해 4월에 이정귀가 세상을 떠나니, 인조가 크게 슬퍼하며 애도의 뜻에서 조회朝會를 정지하고 3일 동안 육식을 하지 않았다. 왕세자는 친히 빈소에 와서 곡을 하고 조문을 했다.

1794년 11월 7일에는 정조가 경모궁에 제사를 지내러 갔다가 경모궁 동쪽 담 밖에 있는 이정귀의 사당을 보게 되었다.

"문충공의 사당이 재전齋殿의 동쪽 담장 밖에 있는데 지금 경모궁景慕宮에 제향을 지내러 와서 내려다보니 눈에 들어온다. 이렇게 모두 함께 경축하는 해를 맞아 근본에 보답하고자 하는 생각이 더욱 간절하다. 그의 문장과 덕망은 중국에서도 모두 알아주며, 그 후손들도 매우 번창하였다. 외손자인 도위都尉 문의공文懿公(홍주원)이 그를 많이 닮았고, 우리 자궁慈宮께서도 그의 기상을 크게 물려받으셨다. 더구나 홍 문경공洪文敬公(홍이상)과 이 문충공李文忠公(이정귀)은 외가外家인 점도 같고 서로 세대도 같으니, 정성을 보이는 것도 똑같이 시행해야 합당할 것이다.
고 좌의정 문충공 이정귀의 집에 우승지를 보내어 치제致祭하라. 제문은 직접 지을 것이니 예조로 하여금 날짜를 정해 행하게 하고, 내외 자손으로서 벼슬에 있는 자는 모두 참석하게 하라."

1794년에 정조는 사도세자의 묘를 경기도 화성으로 옮기고 경모궁에 가서 제향을 지내다가 경모궁 담장 밖에 있는 이정귀의 사당을 보았다. 그리고는 이정귀의 사당에 제사를 내려주고 제문을 직접 작성했다. 화성 건설 계획을 발표하고 나니 근본에 보답하고자 하는 마음이 생겼다고 했다. 이정귀의 딸은 홍이상에게 시집가서 홍주원을 낳았다. 홍주원의 후손이

혜경궁 홍씨이니 정조는 이정귀에게 정성을 보이고 싶었을 것이다.

그러나 이 배경에는 정조 측근에서 정치를 보필한 이시수와 이만수 형제를 비롯한 관동파 구성원의 번창함이 있었다. 정조가 아꼈던 이시수와 이만수 형제는 동촌에 담장을 마주하고 우애 좋게 살았는데 이들은 이정귀의 7대손이다. 정조가 『저헌집』과 『월사집』을 평소에 손에서 놓지 않았다고 할 정도로 동촌 이씨 가문의 문장을 좋아했기에 그 후손들이 조선의 문체를 바로잡는 데 큰 역할을 할 것이라 기대했다.

조선 후기의 문인 정원용(鄭元容, 1783~1873)이 말하길, 재상이 된 사람들 중에서 문예가 뛰어나 명성이 높고 문단의 맹주로 뽑힌 사람을 여러 대에 걸쳐 그 숫자를 헤아려 보면 연안 이씨가 제일 많다고 했다. 조선 문단의 맹주는 단연 연안 이씨 가문이며 그중에서도 동촌 이씨가 가장 두각을 나타냈다.

송시열은 문장을 관장하는 별인 문창성(文昌星)의 기운이 유독 이정귀의 가문에만 모인 것이라며 이석형의 계일정 연못이 백 년 동안이나 버려져 있다가 이정귀의 아버지 때에 갑자기 연꽃 몇 송이가 피어났으니 그 가문이 번창할 징조였다는 말을 전했다.

이정귀와 아들 이명한, 손자 이일상의 3대에 걸쳐 모은 장서가 대단했는데 조선 후기 문인 강준흠(姜浚欽)은 〈독서차기(讀書箚記)〉에서 관동의 이정귀 집에 있는 서재가 4대 만권당(萬卷堂)에 손꼽힌다고 했다. 문학으로 번성한 집안답게 많은 장서를 보유한 것으로도 유명했다.

문학으로 꽃피운,
동촌파(東村派)

낙산 아래 동촌에는 조선시대 명문가가 많이 살았다. 특히 문장을 잘하는 문인들이 모여 살았던 것으로 유명하다. 그래서인지 동촌에는 여러 종류의 계모임이 많이 있었는데 주로 동촌 이씨가 주도했다. 이정귀의 오동계, 이명한의 낙동계, 이만수의 홍천사 등이 대표적이다. 그러나 동촌에는 동촌 이씨가 아닌 명문장가들의 모임도 있었다. 바로 동촌파東村派다. 이름 그대로 동촌 사람들이 만든 모임이다. 동촌에는 문인들의 모임으로 많은 계회가 있었는데 그 이름이 ○○계契, ○○사社에 이어 ○○파派가 등장했다.

동촌파는 동촌에 살던 문인 오원吳瑗, 1700~1740·남유용南有容, 1698~1773·이천보李天輔, 1698~1761·황경원黃景源, 1709~1787이 중심이 되어 시작한 모임인데, 이들은 모두 당대의 대표적인 문인으로, 영조 때의 관각 문인 4대가로 불렸다. 오원은 오두인吳斗寅의 손자이고 김창협金昌協의 외손이다. 남유용은 남용익南龍翼의 증손이고 이천보는 이정귀의 후손이며 황경원은 황정욱黃廷彧의 후손이다. 네 사람은 동촌에 사는 사람이라 지연地緣으로 이어져 있으면서 도곡陶谷 이재李縡의 학문을 이어 학연學緣으로도 뗄 수 없었다. 또한 오원은 7대, 이천보는 11대, 남유용은 12대, 황경원은 18대의 대제학을 지낸 당대 최고의 문인인데 관직의 인연으로도 끈끈했다.

길재吉哉(남유상)는 어려서부터 시를 잘하여 유명했다. 나와 길재는 여러 대에 걸쳐 집안끼리 교유하여 어릴 때부터 그 이름을 들어 더욱 익숙했는데 갑진년甲辰年(1742) 여름에 동계東溪(이영보)의 술자리에서 처음으로 길재를 만났다. 그 사람됨이 온화하고 침착하며 겉과 속이 깨끗하여 한눈에 그 마음을 알 수 있어 나는 드디어 그와 사귀기로 하였다. 길재도 나를 무척 좋아했다.

처음에는 1724년에 오원과 남유용이 만나 모임을 시작했다. 동촌에 대대로 살며 가문의 교유가 있었기에 세 사람은 금방 친해졌다. 같은 동촌에 살고 있었고 집안끼리 대대로 교유했으며 연배도 비슷한 세 사람은 혼맥으로도 맺어졌다. 오원은 이천보의 딸을 며느리로 맞았고 남유용의 형 남유상南有常의 아들인 남공필南公弼을 사위로 맞았다.

이어서 이천보가 동촌파에 합류했다. 이때 오원의 나이 25세이며 남유용과 이천보가 27세였고 나중에 합류한 황경원이 24세로 제일 나이가 어리다고는 하지만 오원과는 1살 차이였을 뿐이다. 동갑은 아니지만 비슷한 연배였으니 서로 격의없이 모임을 이어갔을 것이다.

조선의 핫플레이스, 동촌

동촌파는 동촌의 경치 좋은 곳에서 모임을 하는데 주로 신대^{申臺}에서 모임을 가졌다. 오원의 문집 『월곡집^{月谷集}』에는 동촌의 친구들과 모여 쓴 시가 여러 편 보인다. 〈동촌의 제군들과 함께 기로대^{企老臺}에 올라 백주^{白洲}의 운으로 시를 쓰다[同東村諸君 登企老臺拈白洲韻]〉는 봄날에 동촌 친구들과 낙산의 신대에 올라가 지은 시다.

백주는 이명한의 호다. 예전 낙동계를 이끌어가던 이명한이 계원들과

〈동촌_도성도〉
ⓒ서울대학교 규장각

낙산의 기대에서 모임을 가지고 지은 시에 오원이 차운을 한 것이다. 오원과 이명한은 시대를 달리하기 때문에 서로 만날 수 없었지만 낙산의 기대는 그대로 남아 있고 옛날에 이명한이 지었던 시도 여전히 남아 있어 같은 공간에서 시간을 초월하여 만날 수 있었다.

동촌파는 동촌을 근거지로 하여 낙산에 함께 오른다거나 한양의 경관 좋은 곳을 찾아다니며 모임을 가졌지만, 주로 오원의 별장인 종암鍾巖의 동정東亭에서 모였다. 그래서 종암문회鍾巖文會라고도 한다. 종암은 혜화문을 지나 동대문 밖에 있는 곳이다. 동촌이 성 안에 있는 곳이긴 해도 산이 깊고 물이 맑아 시내 중심에 있다는 느낌이 없었다고 하는데, 동촌을 벗어나 좀 더 한가로운 곳을 찾았던 것일까?

어릴 때 작아서 어깨와 견주던 나무가	少小齊肩樹
지금은 해를 가리는 숲이 되었네	今成蔽日林
구름과 샘물 두 줄기 눈물로 비추고	雲泉雙涕映
나무 덩굴은 언덕에 깊이 엉키네	蘿薜一丘深

이 시는 오원이 종암의 동정에서 돌아가신 아버지 회고시懷古詩에 차운한 것이다. 종암의 별장은 아버지 오태주吳泰周가 예전에 마련한 곳으로 오원이 어릴 때부터 가서 지냈던 곳이다. 어릴 때 자신의 어깨에 오던 나무가 이제는 울창하게 자라 해를 가릴 정도가 되었으니 세월의 흐름을 알 수 있다.

오태주는 아들을 두지 못해 동생 오진주吳晉周의 아들 오원을 양자로 들였다. 오태주는 현종의 딸 명안공주明安公主와 결혼해 해창위海昌尉에 봉해졌다. 조선시대에 부마는 아무리 능력이 뛰어나도 높은 벼슬에 오를 수 없었다. 야망이 있는 사람에게 부마는 좋은 자리가 아니었다. 오원에게는 이런 아버지와 오랜 시간을 보낸 종암이 유독 특별한 공간이었을 것이다.

아버지와의 추억이 아니더라도, 종암은 오원에게도 특별했다. 오원은 22세에 문과에 합격했지만 감시관監試官과 친분이 있다는 이유로 합격이 취소되었다. 이때부터 종암의 별장에서 혼자 소일하거나 친구들과 자주 어울려 지냈으며 나중에 동촌파 멤버들과 그곳에서 시를 짓고 술을 마시며 시간을 보냈다.

성시城市의 먼지 지척에 두고 산속에 누우니	城塵咫尺臥雲扃
냇물 흐르는 곳에 이끼 생겨나 날마다 푸르네	澗路生苔日日青
개와 닭은 앞마을에서 울고 낮 연기 조용하니	雞犬前村晝煙澹
단풍나무 소나무 먼 골짝에 여름 그늘이 쉬네	楓松遙壑夏陰停

오원은 이 시의 뒷부분에 6년의 특별한 모임을 동정에서 다시 하게 되었다고 했다. 종암은 서울에서 멀지 않지만 매우 한적하고 숲이 우거져 마치 속세를 벗어나 신선의 세계에 들어간 기분이었다고 한다. 종암에는 동정 말고도 청령각清泠閣이 있어 서울을 벗어나 즐기기 좋은 곳이었다.

1732년 여름에 종암에서 다시 만난 오원과 남유용, 그리고 이천보는 각각 칠언율시 20편씩을 지어『종암수창록鍾巖酬唱錄』을 만들었다. 이천보는 오원과 남유용의 시는 위로는 고인을 본뜨려 하지 않고 아래로는 요즘 사람에게 맞추려고 노력하지 않는다고 했다. 오직 자신만의 방법으로 시를 쓰니 두 사람의 시는 마치 물에서 노는 갈매기 같았다고 평가했다.

동촌파는 주로 종암의 동정에서 모임을 가졌지만 동촌에서도 자주 모였다. 오원과 남유용, 이천보의 집이 모두 동촌에 있었기 때문이다. 동촌의 낙산에 있는 신대에 가지 않을 때는 삼청동이나 정릉 등지로 즐겁게 유람을 다니며 10년 동안 모임을 이어갔다.

오원은 29세가 되어 문과에 합격하고 41세에 대제학에 올랐다. 영의정과도 바꾸지 않는다는 자리에 이르렀지만 그는 그해에 세상을 떠나고 말았다. 오원의 죽음으로 동촌파는 침체에 빠졌다. 네 명의 중심인물 외에도 동촌파에 합류해 활동하는 문인들은 있었지만, 종암 동정의 주인이 없으니 분위기가 예전 같지 않았다. 그래도 동촌파는 그 명맥을 다시 이어갈 수 있었다.

오원이 세상을 떠나고 그 아들 오재순吳載純이 종암의 별장을 이어받았다. 동촌파에는 멤버의 가족들도 구성원으로 참여했는데, 오원의 동생 오찬吳瓚과 남유상의 아들 남공필, 조카 남공철도 합류하고 있었기에 오원의 아들이 동촌파를 예전처럼 이어갈 수 있었다.

나는 어떤 기물인가? 종鐘과 경磬이다. 종과 경은 두드리면 울고 두드리지 않으면 일 년이 지나도록 울지 않는다. 옛날에는 태화太華(남유상)가 두드리면 울었고 월곡月谷(오원)이 두드리면 울었다. 두 사람이 죽으니 내가 울

조선의 핫플레이스, 동촌

지 않은 지 오래되었다. 가끔 촌부나 거리의 아이들이 대나무를 잡고 두드리면 나도 작은 소리로 울지 않을 수 없었다. 그러나 모두 운다고 말할 수 없었다. 조카 공필이 친구 오찬과 함께 종암에서 노닐었는데 모인 사람이 열 명이고 합하여 시 백 편을 얻어 돌아와서 나에게 보여주었다. 시권을 펴기도 전에 나의 종과 경은 댕댕하고 울려고 했다.

남유용은 남유상과 오원이 세상을 떠나고 자신은 울지 못하는 종이 되었다가, 오원의 아들 오재순의 주도로 남유상의 아들 남공필과 오원의 동생 오찬, 자신의 아들 남공보 등 10명의 사람들이 동정에 모여 시 백 편을 지어냈다는 소리를 듣고 그 시권을 받아 들었다. 아직 펼쳐보지도 않았지만 이제는 종이 소리를 내며 울 수 있겠다고 했다. 오원이 세상을 떠나고 꺼져가던 동촌파가 다시 살아움직이는 것을 느꼈을 것이다.

이 모임은 1748년에 후속 세대에 의해 쭉 이어졌는데, 오원의 손자 오희상과 오연상도 동촌파에 들어가면서 19세기 초까지 모임을 이어갔다.

· · · · · · · · · · · · · · (참고문헌) · · · · · · · · · · · · · ·

사료 및 문집

『갑계첩(甲契帖)』

『경모궁의궤(景慕宮儀軌)』

『국조보감(國朝寶鑑)』

『대동기문(大東奇聞)』

『동국여지지(東國輿地志)』

『동국여지비고(東國輿地備考)』

『동문선(東文選)』

『속동문선(續東文選)』

『승정원일기(承政院日記)』

『신증동국여지승람(新增東國輿地勝覽)』

『열성어제(列聖御製)』

『이씨연주집(李氏聯珠集)』

『조선왕조실록(朝鮮王朝實錄)』

『필원잡기(筆苑雜記)』

『홍재전서(弘齋全書)』

강이천(姜彝天) 『중암고(重菴稿)』

권호문(權好文) 『송암집(松巖集)』

김상헌(金尙憲) 『청음집(淸陰集)』

김종직(金宗直) 『점필재집(佔畢齋集)』

서거정(徐居正) 『사가집(四佳集)』

신광한 　　　『기재집(企齋集)』

　　　　　　　『기재기이(企齋記異)』

김수흥(金壽興) 『퇴우당집(退憂堂集)』

김윤식(金允植) 『운양집(雲養集)』

김조순(金祖淳) 『풍고집(楓皐集)』

김창협(金昌協) 『농암집(農巖集)』

남공철(南公轍) 『금릉집(金陵集)』

남구만(南九萬) 『약천집(藥泉集)』

남용익(南龍翼) 『호곡집(壺谷集)』

박규수(朴珪壽) 『환재집(瓛齋集)』

박동량(朴東亮) 『기재잡기(寄齋雜記)』

박제가(朴齊家) 『정유각집(貞蕤閣集)』

박지원(朴趾源) 『연암집(燕巖集)』

서형수(徐瀅修) 『명고전집(明皐全集)』

성대중(成大中) 『청성잡기(靑城雜記)』

성해응(成海應) 『연경재전집(研經齋全集)』

송시열(宋時烈) 『송자대전(宋子大全)』

신흠(申欽)　　 『상촌집(象村集)』

오도일(吳道一) 『서파집(西坡集)』

오원(吳瑗)　　 『월곡집(月谷集)』

오준(吳竣)　　 『죽남당고(竹南堂稿)』

유득공(柳得恭) 『경도잡지(京都雜誌)』

유만주(兪晩柱) 『흠영(欽英)』

유중교(柳重敎) 『성재집(省齋集)』

유한준(兪漢雋) 『자저(自著)』

윤근수(尹根壽) 『월정집(月汀集)』

윤기(尹愭)　　 『무명자집(無名子集)』

윤두수(尹斗壽) 『오음유고(梧陰遺稿)』

이규경(李圭景) 『오주연문장전산고(五洲衍文長箋散稿)』

이긍익(李肯翊) 『연려실기술(燃藜室記述)』

이덕무(李德懋) 『청장관전서(靑莊館全書)』

이만수(李晚秀) 『극원유고(屐園遺稿)』

이명한(李明漢) 『백주집(白洲集)』

이산해(李山海) 『아계유고(鵝溪遺稿)』

이석형(李石亨) 『저헌집(樗軒集)』

이소한(李昭漢) 『현주집(玄洲集)』

이수광(李睟光) 『지봉집(芝峯集)』

　　　　　　　『지봉유설(芝峯類說)』

이유원(李裕元) 『임하필기(林下筆記)』

이익(李瀷)　　 『성호사설(星湖僿說)』

이정귀(李廷龜) 『월사집(月沙集)』

이희조(李喜朝) 『지촌집(芝村集)』

장유(張維)　　 『계곡집(谿谷集)』

정약용(丁若鏞) 『목민심서(牧民心書)』

　　　　　　　『여유당전서(與猶堂全書)』

정원용(鄭元容) 『경산집(經山集)』

| 한장석(韓章錫) | 『미산집(眉山集)』 | 허전(許傳) | 『성재집(性齋集)』 |
| 허목(許穆) | 『기언(記言)』 | 홍직필(洪直弼) | 『매산집(梅山集)』 |

단행본

『서울의 풍속과 세시를 담다』 유득공 지음, 진경환 역주, 민속원 2021.

『정유각집』 박제가 지음, 정민·이승수·박수밀 외 옮김, 돌베개, 2010.

『한경지략』 유본예 저, 장지연 역해, 아카넷, 2020.

『조선의 문화공간』 이종묵 저, 휴머니스트, 2006.

『이향견문록』 실시학사 고전문학연구회 역주, 민음사, 1997.

『표암 강세황 산문전집』 강세황 저, 박동욱·서신혜 역주, 소명출판

『하멜표류기』 신복룡 지음, 집문당, 1999.

사이트

한국고전번역원DB	https://db.itkc.or.kr
국사편찬위원회 한국사데이터베이스	https://db.history.go.kr/
국립중앙도서관	https://nl.go.kr
서울대 규장각	https://kyu.snu.ac.kr
한국학 자료포털	https://kostma.aks.ac.kr
문화재청	https://www.cha.go.kr/main.html
국립중앙박물관	https://www.museum.go.kr
국립고궁박물관	https://www.gogung.go.kr
서울역사박물관	https://museum.seoul.go.kr

논문

서울역사박물관, 「연지·효제 새문화의 언덕」, 2020.

신영주, 「월사 이정구의 갑계 조직과 『갑계첩』」, 한문학보 19, 2008.

안대회, 「泮村과 泮人 시인 연구」, 漢文學報 第42輯 2020.

안순태, 「조선시대 한성부 東村의 인문경관 연구」, 한국한문학연구 76, 2019.

안순태, 「영조조 동촌파의 교유양상과 교유시」, 한국한시연구 21, 2013.

오세현, 「조선 후기 한양 동부(東部) 관동(館洞)의 인문지리와 연안이씨(延安李氏) 관동파(館洞派)」,
　　　서울학연구 61, 2015.

오보라, 「紅泉社의 결성과 시세계 聯句詩를 중심으로」, 동양고전연구 66집, 2017.

오준영·김영모, 「조선시대 한양 동부(東部) 함춘원(含春苑)에 관한 연구」, 문화재, 50(3), 2017.

이재정, 「洛東契字를 통해 본 조선시대 文人들의 지적 교류」, 민족문화연구 60, 2013.

최은정, 「18세기 懸房의 商業活動과 運營」, 이화사학연구 23,24합집 1997.

조선의 핫플레이스, 동촌

초판 1쇄 발행 2022년 11월 11일

지은이 | 안나미

펴낸이 | 박선영
디자인 | 문수민
교정 · 교열 | 안지선
마케팅 | 이경희

펴낸 곳 | 의미와 재미
출판신고 | 2019년 1월 30일 제2019-000034호
주소 | 서울시 서초구 방배천로 18길11, 106-1704
전화 | 02-6015-8381 **팩스** | 02-6015-8380
이메일 | book@meannfun.com

ⓒ안나미, 2022

ISBN 979-11-978972-4-5

이 책은 한국출판문화산업진흥원의 '2022년 인문 교육 콘텐츠 개발 지원
사업'을 통해 발간된 도서입니다.